THE
SALESPERSON'S
SECRET
CODE

高绩效销售的
5大习惯

〔英〕伊恩·米尔斯（Ian Mills）〔英〕马克·里德利（Mark Ridley）〔英〕本·莱克（Ben Laker）〔英〕提姆·查普曼（Tim Chapman）著

洪云 何世玉 译

中国友谊出版公司

图书在版编目（ＣＩＰ）数据

高绩效销售的 5 大习惯 /（英）伊恩·米尔斯等著；洪云，何世玉译 . -- 北京：中国友谊出版公司，2019.10

书名原文 : The Salesperson's Secret Code : the belief systems that distinguish winners

ISBN 978-7-5057-4788-3

Ⅰ . ①高… Ⅱ . ①伊… ②洪… ③何… Ⅲ . ①销售学 Ⅳ . ① F713.3

中国版本图书馆 CIP 数据核字 (2019) 第 144183 号

书名	高绩效销售的 5 大习惯
作者	［英］伊恩·米尔斯　　［英］马克·里德利
	［英］本·莱克　　［英］提姆·查普曼
译者	洪云　何世玉
出版	中国友谊出版公司
发行	中国友谊出版公司
经销	新华书店
印刷	大厂回族自治县益利印刷有限公司
规格	710×1000 毫米　16 开
	14 印张　168 千字
版次	2019 年 10 月第 1 版
印次	2019 年 10 月第 1 次印刷
书号	ISBN 978-7-5057-4788-3
定价	55.00 元
地址	北京市朝阳区西坝河南里 17 号楼
邮编	100028
电话	(010) 64678009

赞　誉

　　这本书是自《挑战者》（*Challenger*）之后最重要的研究成果之一，它包含了真正专业的销售人员希望拥有的一切。这本书向我们展示了：如何通过树立一些销售信念达到成功。这是第一次，我们的"销售行业"不仅注重销售流程的完善和销售技能的提高，还关注给人们带来成功的内在条件。

——尼克·波特（Nick Porter）

专业销售协会（Association of Professional Sales）主席

　　这本书不仅仅是为销售员而著，也是为了每个人。因为各行各业的人都在推销自己。作者为我们突出展示了一些生活技能，鼓励我们更加优秀、更有成就感、更加自信。

　　这本书是一部伟大的人生指南。

——迈克尔·托宾（Michael Tobin）

大英帝国官佐勋章获得者，

Telecity Group 前首席执行官，4 大洲际公司的非常务董事

　　这本书汇聚了一些非凡的研究成果，指明了销售精英和其他销售员之间的不同之处。不同之处不止几个，而是许多个，还包含一些值得关注的微妙之处。那些模范级的或接近模范级的销售人员恰恰是那些平时看起来比较悠闲，生活充满乐趣，很小资的人。如果你需要一

本工具书，用来指导他人获得影响力这门艺术，那么这本书完全符合你的需求。

——休·奈特（Sue Knight）

《工作中的神经语言程序学》（*NLP at Work*）的作者，

2017 年商业大奖（Business Award 2017）神经语言程序学获奖者

我们知道绩效 = 能力 × 行为。影响行为的重要因素是什么？是信念！秘密就在这里！就在这本研究深入、发人深省、内容丰富的书中。

——阿德里安·诺顿（Adrian Norton）

英迪维尔药品公司（Indivior plc，前身是利洁时，

即 Reckitt Benckiser Pharmaceuticals）的前全球销售副总裁

作为销售领导者，我一直认为思维模式塑造信念，信念塑造行为。本书强调的最佳实践方法，对于想要了解员工工作动力，以及寻求如何将员工塑造成高绩效人才的销售领导者来说非常有价值。作者将为我们提供销售领域对话的全新打开方式。

——罗伯特·拉辛（Robert Racine）

威普罗公司（Wipro Technologies）全球销售总裁

基于广泛的研究，本书不仅在销售方面，还在各种业务方面就其成功因素提供了有趣的见解。在过去的 30 年中，我监管过成千上万的新兴企业家的贷款事宜，我建议每个雄心勃勃的、想在商业方面更上一层楼的专业人士都读读这本书。

——鲁珀特·斯科菲尔德（Rupert Scofteld）

国际社会援助基金会（FINCA International）首席执行官

对于像我这样需要雇佣高端销售专业人士的人来说，这本书可解燃眉之急。解决方案销售已成为常态，其结果就是市场缺乏创新。这本书为我们展示了销售精英如何展现真实的自我风采。他们一方面迎合顾客的需求，一方面又有健康的自我尊重的心态——信任感就是这样建立起来的。本书增加了一系列销售人员在顾客犹豫不决时的提问策略，揭示真正的"销售背后的人"。

——劳伦斯·柯克（Laurence Kirk）

艾利安人才服务公司（Allegis Global Solutions）欧洲、中东和非洲地区销售总监

米尔斯、里德利、莱克和查普曼的研究证实了我们早已熟知的事情，那就是：最优秀的销售人员有动力去成为更好的自己、做更多事、拥有更多、贡献更多。他们还想掌握自己的命运。这些信念和行为，你也可以取而用之，这本书会告诉你怎么做。

——安东尼·伊安纳里诺（Anthony Iannarino）

畅销书《你唯一需要的销售指南》（*The Only Sales Guide You'll Ever Need*）和
《遗失的成交艺术：赢得推动销售的 10 项承诺》（*The Lost Art of Closing : Winning the 10 Commitments That Drive Sales*）的作者

是什么造就了最优秀的销售员？市面上相关书籍已经很多。但是，本书为这一主题提供了一个新奇的、极具洞察力的分析，它将吸引读者，使他们能够轻松地将这些知识应用于日常工作并获得更大的成功。我把这本书强烈推荐给所有有志提升的专业销售人员！

——简·艾伦（Jan Allen）

德国电信股份有限公司（T-systems International GmbH）副总裁，
欧洲妇女董事会（European Women on Boards association）成员

这本书为我们提供了卓越的销售人员在关键信念方面有力而深刻的见解。是每个销售从业者的必备读物。

——西蒙·黑兹尔戴恩（Simon Hazeldine）

畅销书《毫不留情的销售》（*Bare Knuckle Selling*）、

《毫不留情的谈判》（*Bare Knuckle Negotiating*）、

《毫不留情的客户服务》（*Bare Knuckle Customer Service*）、

《内心的赢家》（*The Inner Winner*）和《神经学销售：神经学如何为你的销售提供动力》（*Neuro-Sell : How Neuroscience Can Power Your Sales Success*）的作者

销售就像一门科学——需要对理论的理解和大量的实践才能将其提升到一个新的水平。销售是任何机构中最关键的角色，通常也是最难的角色。你需要成为自己的领导者和管理者才能获得成功。本书中的深刻分析使其成为所有销售执行者的宝贵资源。

——阿夫特·奥福里（Aft Ofori）

（欧洲、北美和印度地区）女性销售奖（Women in Sales Awards）的创始人

目 录 CONTENTS

第一章 高绩效销售的 5 大习惯

所有销售人员都知道努力工作至关重要，问题在于销售人员面对不同问题时的态度和行为是不同的，正是不同的态度和行为决定了他们销售绩效的高低。

第二章 实现力：制定明确目标，平衡成功的欲望和失败的恐惧

无一例外地，高绩效销售人员都被成功的欲望所驱使，但是他们不是完美主义者，他们承认对失败的恐惧,但并不会被恐惧所吓倒，而是通过制定目标，逐步向成功靠近！

第三章 控制力：抓住机会，主动为销售结果负责

高绩效销售人员都拥有很强的内部控制力，认为自己应该对销售工作中发生的事情负责，他们会制定计划，并按照这个计划去执行、获得反馈，并根据需要进行调整。

第八章 管理者如何培养高绩效销售人员 / 175

大多数管理者明白，他们应该创造一种销售环境，制定他们对员工的行为要求，培养员工的技能和才能。最优秀的管理者会帮助他们的员工解锁销售习惯，培养高绩效销售人员。

"行动吧！就像你的行动会带来改变一样。因为确实如此。不要害怕生活，相信活有所值，你的信念会将梦想变成现实。"

威廉·詹姆斯（William James）
1842 年~1910 年，美国心理学之父

推荐序 1

我们正处在一个政治、文化和商业不断变革，充满不确定性的时代。在这种情况下，公司越来越希望销售人员能够发挥作用。其实销售不仅仅是一种商业行为，我们每个人每天都在销售。销售也没有国家、文化、行业、年龄之分，因为所谓的销售就是说服对方。关于销售这个主题，以往的研究往往比较含糊、不够精确，而这本书是基于严谨的数据和确凿的事实而得来的。在这本书中，世界上最成功的销售人员为我们描述他们是用什么样的思维方式，使得他们能跨越国家、行业的界限，不受经济繁荣或是萧条的影响，把销售做得出类拔萃。本书将销售人员的内心世界和现实生活结合起来进行研究（这种研究方式恐怕我们闻所未闻），从而揭示出使销售人员在竞争中一直领先的信念和思维体系。本书既能教你从养鸡场里学到关于肢体语言的知识，又能让你发现健美运动和销售疲劳之间的联系，可以说，每个人都能从中学到有用的知识。本书独特的见解以及其谈到的销售技巧和说服力，使得这本书不仅仅是一部关于销售的作品，更是一本必不可少的读物。如果你想达成更多的交易——不管是在生活中，还是在生意上——这本书肯定能帮你一一实现。

——卢克·约翰逊（Luke Johnson）

卢克·约翰逊是风险资本有限责任合伙集团（Risk Capital Partners LLP）董事长，曾任英国电视四台（Channel 4 Television）节目主持人，他为《星期日泰晤士报》（*The Sunday Times*）撰写每周专栏，是英国老牌蛋糕连锁店（Patisserie Holdings）和一家法式面包公司（Bread Ltd）的合伙人。除此之外，他还是尼尔森度假公司（Neilson Active Holidays）的董事长和大股东，还在体育用品公司宙歌斯（Zoggs）、布朗普顿公司（Brompton Bicycles）和高乔餐厅（Gaucho Restaurants）担任董事。他还是巴巴多斯最大的酒店集团——优雅酒店（Elegant Hotels Group plc）的董事和大股东。

推荐序 2

几乎公司里的每个关键职能都是有合规的标准。从事财务、工程、法务、制造或者分销工作的员工必须学习指定教材、通过职业测试、获得职业证书并且持续接受资格认证。在某种程度上，销售员和客服也是如此。

这些职业证书在 2008 年金融危机之后派上用场，当时公司领导者从他们的下属那里寻求削减成本和维持利润的建议。成本削减之后，下游的利润已所剩无几，要想创造利润，就要拓展上游。这就使得销售成为首要任务，也使得销售部门前所未有地成为监管对象。

然而，当你揭开销售的面纱，你会发现销售并不是一个真正的职业，至少目前还不是。没有为销售准备的指定教材、考试、职业认证或持续认证。在这个几乎各行各业都有合规标准的时代，销售仍然是一个基本上不受监管的低门槛职业。

但是，负责制定标准的办公人员和审计员们迟早会开始寻找基础文本，以帮助他们揭开销售的神秘面纱，并建立管控框架。他们希望将销售行为转变为更可预测的可重复性科学，以减少收入预测的波动性和销售渠道审核的次数。

这本书对建立销售标准来说，恰如雪中送炭。

这本书是基于对模范销售员的真实调查。不管是在哪个季节，也不管是在经济繁荣期还是萧条期，这些模范销售员都能在大多数时候比他们的同行卖得多、表现好、速度快！他们的见解可谓金玉良言。

研究人员严谨地运用他们的方法，整理了来自不同行业、文化和地区的大量销售人员的数据。调查的种类多，见解有深度，解释得到位，这些使得本书在任何书店都大受欢迎。

也许这本书最有意义的贡献是：首次揭示了世界上每一位顶级销售员共同持有的 5 种信念。在一个充满软件模板、方法论和流行语的行业中，这些高绩效者的内在信仰体系却尚未被探索，因此也最受欢迎。

研究发现，追求卓越是个人的选择，相比于外部施压，发自内心的改变更容易实现。正因为如此，这本书也是一个标准，你可以一遍又一遍地阅读它，温故而知新。当你再次阅读时，感觉就像从来没读过一样，那倒不是因为这本书的本质变了，而是因为随着你经验的增多，你挖掘精髓的能力变强了！

——尼古拉斯•A. C. 瑞德（Nicholas A. C. Read）

《向高管推销》（Selling to the C-suite）一书的作者，尼古拉斯•A. C. 瑞德是一位研究员、畅销书作者，曾任安永（Ernst & Young）收入增长咨询业务的执行总监，负责销售和管理工作。他提出的销售技巧被 40 多个国家的公司使用，帮助他的客户实现了超出预期数 10 亿美元的收入增长。

The Salesperson's Secret Code

—

Chapter

1

高绩效销售的 5 大习惯

2013 年，我们（研究员马克·里德利和伊恩·米尔斯）受邀去帮助一个跨国电信公司提升他们的销售业绩。在那里我们遇到了提姆·查普曼，他负责开发和运营一个由 750 名经理和客户经理组成的销售精英团队项目，这些人来自北美、欧洲、中东非地区和亚太地区。他和他所在的公司都想弄清楚优秀的销售人员到底是天生的还是后天养成的，并弄清楚高绩效产生的原因。

在调查了这些销售人员，同时采访了他们的客户和业务领导之后，我们想知道，通过怎样的方式能得到一个放之四海而皆准的答案。

为了使这项研究的覆盖面更加广泛，为了能够获得跨行业的实验依据来回答这个问题，我们向曾在伦敦金斯顿商学院当学者的本·莱克博士求助。然后我们邀请了 5000 个来自第一、第二和第三产业的组织——这些组织大多是跨国性组织——作为我们的研究合作伙伴。

每个组织都需要选出 10 名具有代表性的销售人员。这样我们就有了 5 万名调查对象。但我们的调查不是去问这些人的老板谁的绩效高谁的绩效低，而是针对多个因素（不只基于收入贡献）进行独立的分析，以消除偏差，提高调查结果可靠性。在我们的计分卡上，我们计算出了一个中位数，这些调查对象的排名分布在中位数的上下两侧，由此我们得出两组绩效数据。然后我们从第一组中选出绩效最高的 500 名调查对象，从第二组中选出绩效最低的 500 名。由此，我们拥有了一个由 1000 名销售人员组成的研究样本。值得一提的是，此时我们提到的"高"绩效者和"低"绩效者只是一个相对的概念。并不是说所有绩效低的调查对象都是差劲的销售人员，他们也许也为他们各自的组织实现了销售目标，只是和我们本次研究样本中的其他调查对象相比，出于某种原因，他们的表现相对逊色。

我们对这 1000 名销售人员进行了调查，其内容是：销售工作耗费时间长，需要面对无止尽的销售指标评估压力、面对无数次地被拒，还需要处理一些政治问题，而且无暇顾及家庭。既然如此，是什么促使他们选择并长期从事销售工作呢？比较传统的观念是，做销售的都是受到了金钱的驱使，在某种程度上确实如此，但这并不是他们最大的动力，只是多种驱动因素中的一种。然后，为了深入研究他们的动力所在，我们公司的心理计量学家（教育或心理测量研究的专业人员）对每个销售人员进行了评估。你可以在附录 A 中阅读有关此评估的更多详细信息。

2013 年，我们调查研究了成功的销售人员具有何种思维模式，但当时得到的答案少，发现的问题却很多。我们确实也有了一些见解，但尚未发现什么相同模式，没法联想到那些最成功的销售人员其实都有一个共同的"操作系统"，让我们可以照葫芦画瓢。当然，也有可能我们那时想要寻找的答案只是一座海市蜃楼，根本就不存在，但我们的直觉却不这么认为。

2015 年，研究团队决定进行深入研究。他们对这 1000 名销售人员每人都进行了为时 90 分钟的采访，了解他们在销售方面的得失，以及他们对于销售工作的期许和态度。问题是半结构化的，通过这种方式使我们的问题显得开放和自然，让受访者可以用他们喜欢的方式做出回应。我们的采访者之后使用一种叫作"问题清洁"（clean questioning）的技术来深入探索每位销售人员是如何阐释他们自己的销售世界，以及如何用他们的经验构建他们自己的成功框架。所有的回答都被记录或者抄录下来。然后，用数据和语言分析软件进行分析，将重复率高的关键词或者观点分离出来。

令人兴奋的是，这一最新的研究揭示了我们采访的所有销售人员所持有的 5 个核心或者基本的习惯。经过一番考虑，我们决定将这 5 种习惯称为目的地信念（Destination Beliefs）。这是因为，许多受访者认为他们的职业和个人生活是一次不断扩大的旅行。虽然他们承认信念在塑造思维模式和行为方式方面的重要性，但他们反复指出这些核心信念是鼓舞人心的、不断进化的，因此，也不是一成不变的。目的地信念，我们认为它体现了一个单一的、普遍的真理：信念是个人"信仰"的问题，并且信念会随着个人人生经历的变化而变化。

我们给这 5 个目的地信念命了名（见图 1），并通过进一步的访谈进行验证。在这次访谈中我们采访了 10 位世界上最成功的的销售员，我们将这些销售员称之为"模范销售员"。你可以在本章末尾了解他们。

图 1　5 个目的地信念——销售人员的习惯之间的关联

在我们的研究过程中最激动人心的发现是，受访的所有销售人员都提到了 5 个目的地信念中的大多数，无一例外。每个人都可以讲出信念带给他们动力、驱使他们采取行动进而获得成果的故事细节，而这些故事基本每天都在发生。想一想，无论是高绩效者还是低绩效者，他们都知道给他们带来成就感的是什么，比如，他们都知道复原力意味着什么。但事情不止于此。虽然目的地信念是销售人员习惯体系的必要组成部分，但真正决定他们绩效高低的，是这些信念在他们内心是如何被理解和被综合在一起。简而言之，我们的受访者对每一个目的地信念抱有的态度是不一样的，这些态度就是 10 个子信念。我们将会探究这些子信念谱系的确切性质。最有意思的是，许多受访者内心都在经历着这些子信念强度的变化，甚至为之挣扎。

我们了解到，最成功的销售员对部分子信念持有较高的强度，其他销售人员的强度则低一些。也正是他们这种不同强度的反应促使他们以特别的方式行事。出于这个原因，我们将这些子信念称作旅行动力。旅行动力将我们推向一条特别的道路，它们展示了我们对旅程中发生的事情会做出的反应。旅行动力决定了我们的态度。我们这里说的"态度"没有好坏之分（就算有也是纯属巧合）。这里的态度就是字面意思，即某人的观点、立场或方法。正如享誉全球的领导力大师约翰·麦克斯韦尔所说，你的态度是"过去的反射，现在的对白，未来的先知"。旅行动力为我们铺好了走向未来的路。尽管"正确的态度"这个观念早已被说过或者写过，但是能在特定人群中来考量它，这还是第一次。这些最终形成了一条因果链，一个带来成功的药方：《高绩效销售的 5 大习惯》。

对销售领导者来说，这个发现意义重大。让面试者回答出"只要努力就能成功"这种标准答案的问题，已经算不上好问题了，坦白说，现在问这种问题显得有点多余。因为所有销售人员都知道努力工作至关重要，问题在于他们对努力工作这种挑战的反应不同，而这又是因为他们持有的旅行动力强度不同。

这些旅行动力如何表现出来呢？总而言之，高绩效者相信他们会做得比他们曾经梦想的还要好，而低绩效者认为成功来自于避免失败。高绩效者认为自己才是成功的关键，而低绩效者把他们的失败归结于无法控制的他因。那些表现最佳的人面对困难的时候总是找寻更聪明的应对办法，而低绩效的人只会想到要更努力地工作。高绩效者知道影响力是通过展现灵活性来获得的，而不是与权力地位相关的蛮力和暴力。最后，高绩效者认为沟通是一种不断深化的对话，然而低绩效者只会认为沟通就是一种以交易为目的社交行为。

有了这种见解，销售领导者在以后招聘时就能更好地发现造就销售精英的深层动力和信念是什么了。

让我们来探究 5 个目的地信念。接下来，我们将各用一章分别介绍它们，并介绍使高绩效者的这 5 个习惯达到最佳平衡的旅行动力强度，也就是销售人员的习惯。

实现力（Fulfiment）是第一要素。这是一种满足感，它来自于你知道自己已经实现了，或者你的绩效正在从良好变得更好，直到最好的时候。高绩效者不断评估自己的个人进步目标，志在成为最专业、最富有成效的销售人员。他们知道潜在客户与他们互动的程度反映了他们的个人沟通方式（稍后将详细介绍）、信誉和说服力。

高绩效者明白**控制力**（Control）——第二要素的含义。他们喜欢制定一个计划，并定期评估他们想达到的目标、现在的状态以及两者的差距。他们对自己的成功或失败表现出个人责任感。当失败来临时（是的，高绩效者也不例外），他们不会把责任推给经济状况、他们的公司或营销部门。面对失败，他们将责任归于自己，因为如果问题是你自己的，你就会想方设法去改变它。因此，失败被视为一个暂时的挫折，而成功必将到来。像这样，通往成功的路途中的每英里沥青、每个坑洞、桥梁、收费站和弯道都被视为是你可以控制的东西。

接下来就是第三要素——**复原力**（Resilience）。它与控制力的关联在于，它代表你从挫折中恢复并重回正轨的能力。正如锻炼以后才会有肌肉，煤块在加工之后才会产生价值，复原力也是在采取行动之后才会显露的，这和控制力一样。兵来将挡，水来土掩，复原力强的销售人员总是能化压力为动力，不断重塑自己的命运。复原力意味着适应各种变化，当截止日期临近，压力达到顶点时，销售人员找到"能动"的方法来面对，促进销售、达成交易并完成销售指标。复原力是销售人员获得影响力的基石。

影响力（Influence）是第四要素。作为一名销售，你需要在客户群中获得影响力，为你打开销售的大门，将销售提上日程，获得利益相关者的支持，最终赢得业务。你还需要对你公司的人有影响力，这样你才能确保获得资源，得到销售支持或者理想的售价。你需要借助这种影响力获得小道消息，提前了解变化、风险和机会。有人把这种行为称为政治行为，确实如此。在工作中你会经常碰到政治。人们总是会通过各种方式来引起别人的注意，获得盟友，建立权力基础或者对他们的工作环境产生影响。要想达到这些需要花费很多心力，这也是复原力如此重要的原因。影响力的获得方式包括建立工作关系网、和大量的人交谈，以及将集体智慧变为自己的优势，使你自己永远有备无患。当你能提前知道即将发生的变化、人们的反应、他们最需要的是什么、谁的意见最重要这些消息的时候，你就能比别人更快更准地采取行动。你创造了自己的业绩记录，在对的场合结识了很多盟友和朋友，这都是你的影响力。不过要想实现这些你必须具有一个关键的基石，就是你的沟通能力。

沟通力（Communication）是第五要素。你绝对不能和你的同事或者客户过度沟通。简洁明快是关键。快，是因为现在的人们都是通过面对面，或者手机、视频、邮件、博客或者推特来获取和发送信息。如果你不能在 200 字以内将意思讲清楚，很多人就没有耐心和兴趣了。所以不要隔几周来个长长的会议、寄封信件或者发个邮件，不如试试隔几天就来一次简短的交流。重点是要保持头脑清醒。简洁很重要，有太多的声音在争夺人们的注意力，因此，你的信息必须在这些吵闹声中准确无误并且具有穿透力。不如将每次沟通设想为三个部分组成的故事：一个吸人眼球的标题、一个足够的理由和一个让人产生购买欲的口号。这三部分对你所说的、所写的内容同样适用。我们从这次的采访分析中得出的结论非常明显：高绩效者会思考如何沟通。他们意识到沟通没有一个万全之策。简言之，他们很灵活，像变色龙。他们之所以会这么擅长沟通，是因为他们有一种责任感——要让别人更好地理解，要让自己的问题更加简单易懂，要获得回应。

在我们进一步讨论之前，我想先把性别的问题解释一下。我们在研究中有发现男性和女性持有不同的信念，或者至少有不同的旅行动力强度吗？答案简单地说是否定的，我们没有发现。我们在立项跟很多组织合作的时候，让他们提供高绩效者和低绩效者相关的数据，但并没有让他们明确指出数据提供者的性别。我们的数据可能有来自于男性主导的行业，也有女性主导的行业。我们没有把重点放在性别上面（尽管未来我们有可能会这么做）。我们仅仅是想弄清楚那些已经在销售岗位上以销售谋生的人的信念体系。我们作分析的时候不关注他的职位是否特殊，也不关注他们的性别。整个调查中我们采访的男女比率分别是 65% 和 35%。当我们将范围缩小至最好的销售人员时，男女比例是 69% 和 31%。我们将绩效最好的模范销售员排除在这个数据之外，这是我们在选择时考虑到了性别平衡的因素。整个调查的男女比例和高绩效者的男女比例保持一致，这个事实也许很能说明问题，也有可能只是一个巧合，虽然我们现在没法下定论，但是这是未来的一个有趣的研究方向，敬请期待！

好了，现在让我们总结一下：

- 销售人员一生都在制定目标，并努力达到销售目的和销售目标——这似乎已融进他们的 DNA。我们的研究发现所有的销售人员持有 5 个共同的信念，我们将其称之为目的地信念，它们就是：实现力、控制力、复原力、影响力和沟通力。
- 你越有成就感和自信心，你就会变得越睿智，也能对你的环境有更好的控制力。
- 你越有自控力，就越容易避开困难。即使你的控制力一般，你也能炼成自己情绪上、内心里和精神上的肌肉——复原力，来应对挑战。
- 你越灵活，你就更会选择主动出击而不是被动接受，也就能对更多的人和事产生影响力。
- 你的影响力越大，就会有更多的机会与其他有影响力的人联合起来。这样你就能得到更多的情报、先机，进而大大提高沟通力。
- 你的沟通力越强，你向别人展示的谈话内容和想法就越多，追求个人实现力目标的机会就越多。
- 你越有成就感和自信心，你就会变得越睿智，也能对你的环境有更好的控制力，如此良性循环。

销售人员通往目的地的路线是不同的，正是不同的路线决定了他们销售绩效的高低。我们的研究表明，区分他们绩效高低的，是这些信念在他们内心是如何被理解和被综合在一起的。我们为每个目的地信念对应的态度谱系做了定义，也就是旅行动力。总共有 10 个旅行动力，位于每个信念的一端。位列前 5% 的销售人员也被绘制在每个目的地信念对应的态度谱系上，正是每个目的地信念的平衡揭示了销售人员的习惯。销售人员的习惯是信念和行为自我实现、自我支持的循环，正如每位与我们分享了他们的见解的模范销售员所做的那样。接下来我们将对他们做介绍。

模范销售员

根据美国劳工统计局的数据，1/9 的美国人都在从事销售工作。每天有超过 1500 万人靠推销维持生计。但若仔细挖掘，一个令人吃惊的事实便会浮出水面。是的，有 1/9 的美国人在销售岗位上。但是正如丹尼尔·平克所说，其他 8/9 的美国人也是销售人员。作为美国前副总统戈尔的演讲稿撰写人，丹尼尔·平克认为，无论我们是正在向同事推销新想法的公司职员，或是吸引投资者投资的企业家，或是哄骗孩子学习的父母或老师，我们都在花时间试图打动他人。销售不再是一个成交后就完结了的事情，不再局限于呼叫中心、商店，或者汽车销售处。这是我们每天都在做的事情，在我们试着说服孩子们上床睡觉的时候，我们是在"劝说"他们以达到我们的目的，这和我们劝说别人买一块手工面包如出一辙。不管你愿不愿意，我们现在都在销售着，因为销售是人类共同的行为。

出于这个原因，我们选出了 10 名来自各行各业，拥有不同经验和故事背景的模范销售员。我们之所以被他们吸引，不仅因为他们在他们的领域出色地完成了销售目标，还因为受到他人的引导，这些人认为他们与众不同，有着一种让人难以描绘的好品质。简单来说，他们拥有的不同于他人的信念体系，使他们成为佼佼者，也使他们成了这本书的代言人。这些人中有的现在是销售高管，有的是业务领导，有的就是普通销售员。有的人已经达到了事业高峰，而有的人刚刚起步。将他们联系在一起的，正是他们在各种各样的业务发展中兢兢业业，并为之满含热情的态度。有鉴于此，让我们从更近、更个人的角度去看看这些"模范销售员"吧。

查克·布勒：曾任职于沃达丰（Vodafone）

查克·布勒在全球电信行业拥有超过 30 年的经验。在动荡不安的时期，他为糟糕的业务局面带来转机，带领团队深度挖掘客户，创造了连续超额完成任务的记录。

他主持了沃达丰美国董事会，是沃达丰基金会的董事长，也是沃达丰全球企业的美洲区总裁。在 2010 年加入沃达丰之前，查克·布勒已在英国电信集团（British Telecom）工作了 20 年，在此期间，他在美洲和欧洲区的手机、批发和全球金融服务等领域担任管理职位。

他毕业于贝尔蒙特大学，现在他在该校担任非执行董事。他的三个子女也已长大成人。

我们问查克："你觉得一个高绩效者看起来是什么样的人？"他回答说："他们随时为客户待命——他们信守承诺，有效倾听，对要谈到的内容早已做过功课，因此总是有备无患。他们带最合适的人一起参加会议，从不伪装——虽然他们可以改变自己的风格，但是仍然选择做最真实的自己。当然，他们也一直在前进，前进，前进！"

当被问到"你希望人们从你的经历中学到什么？"的时候，他回答说："做好在万里晴天和风风雨雨中不断前行和带头的准备，做好变革管理。与人沟通很重要，通过言出必行在客户中建立信任，同时也要与公司内部的上级、同级和下级打好交道。"

科琳·舒勒：任职于葛兰素史克（Glaxo Smith Kline）

从加州理工大学毕业后，科琳·舒勒开始在全球护发和化妆品公司塞巴斯蒂安国际（Sebastian International）担任客户经理。在 2000 年接受葛兰素史克公司的药品代表职位之前，她已经升任区域销售经理，其业绩取得了创纪录的增长。凭借出色的业绩记录，她晋升为销售副总裁，管理 800 名在美国心血管、代谢和泌尿科治疗市场负责推销的专业销售员。现在，作为卓越销售部的全球领导人和副总裁，科琳负责为葛兰素史克公司全球销售队伍制定标准。

她的独特之处在于，她拥有领导他人和动员他人的能力，不管领导和动员的对象是团队还是个人。她在工作中充满活力和激情，经常不负众望。现在她在伦敦，和她的丈夫以及两个儿子住在一起。她喜欢国际旅行、户外探险，喜欢与朋友和家人一起共度时光。

我们问科琳："你希望人们从你的经历中学到什么？"科琳这样告诉我们："快进五年，认真考虑你最想因为什么而成名。你现在做的这份工作是出于热爱吗？工作中你是否全力以赴？你想为什么而扬名？如果以你现在的能力达不到你想要的，你会采取行动去找到一个适合自己成长的角色吗？要做一名学者，也要做别人学习的榜样。不去分享，不去学习和成长将会成为真正的遗憾。你的性格是属于闪耀型吗？当你做的是最真实的自己的时候，你往往会更加成功。"

"你觉得一个高绩效者看起来是什么样的人？"我们问她。"你会很有竞争力"，她说，"你以超过你的销售目标为傲，你能比其他竞争者更快地增加市场份额。你能将以客户为中心做到至高水平，客户只认可你而将别的销售拒之门外。这就是一个重要的证据，表明你是带来最大价值的人。"

埃瑞卡·费德勒：任职于施坦威（Steinway）

2011 年，《Inc.》杂志将埃瑞卡·费德勒列为有史以来十大最佳销售员之一，这份特别的名单还包括拉里·埃利森、戴维·奥格尔维、戴尔·卡内基、齐格·齐格勒。埃瑞卡在一家拥有 30 架钢琴的琴房里长大，她 3 岁开始弹奏，9 岁便能教成年人演奏。她获得了纽约久负盛名的茱莉亚音乐学院的奖学金，在 11 岁的时候便进行了独奏管弦乐首演。埃瑞卡自费上大学并获得美术学士学位，当时她在想：什么时候才买得起一台属于自己的大钢琴。刚好那时有一场美国小姐选美大赛，此赛事可提供奖金，她便去参加了，结果赢得了人才奖学金，她用这份奖学金购买了她的第一个施坦威（钢琴界的顶级品牌）钢琴。

后来在一次滑雪事故中，埃瑞卡的手受了伤，弹琴的水平再也达不到她自己的预期，于是她提出在施坦威音乐厅里工作，工作内容是给客户匹配最合适的钢琴。10 年来，她一直是施坦威的世界级优秀销售代表，在此期间她打破了以往的所有记录。她用新颖的方法帮助客户找到最完美的钢琴，这使得她获得了"钢琴匹配家"的称号，而且她的故事还被普利策获奖记者詹姆斯·B. 斯图尔特写出来刊登在《纽约客》（The New Yorker）杂志上。

我们问她："你希望人们从你的经历中学到什么？"埃瑞卡告诉我们："我售卖的不是钢琴，我售卖的是故事。我告诉他们，有一架最适合他们的钢琴正在等待着他们，有了它，他们就可以让自己的家里充满音乐，这个理念总是能打动他们。这样，我想让他们带着真正的宝贝离开这里。当你把注意力集中在让客户们最满意的时候，这种互动就起作用了。你卖给他们的不是产品，而是一段美好的经历。"

我们问埃瑞卡："你觉得一个高绩效者看起来是什么样的人？""不要为了你的指标或者你的需求来销售"，她说，"顾客和顾客的需求才是最重要的。如果我有几个非常适合顾客的，但并不是最完美的钢琴，我就不会卖给他们，然后请求他们给我时间来为他们寻找最完美的那款。他们一般都会很乐意。重点是每次都要做最对的事。这就是诚信。你建立起个人信誉，坚决维护它，那么顾客便会只相信你。"

路易斯·乔丹：曾任职于德勤（Deloitte）、毕马威（KPMG）

路易斯·乔丹最近刚刚退休，此前他在专业服务公司——德勤担任了一年的合伙人和副董事长。在那期间，他在德勤充当了多个高级管理和客户管理角色，负责区域包括英国及全球其他地方。他监督了几个创新市场计划的实施，并亲自负责发展并管理公司的一些大客户关系。在此之前，路易斯还做过毕马威的合伙人，专门负责银行和保险业务，负责区域主要在英国、美国和瑞士。在毕马威期间，路易斯发掘并巩固了公司的能力，使公司能够为金融领域的客户在运营转型和并购整合期间提供有力的帮助。

在进入职场之前，路易斯毕业于曼彻斯特大学经济学和现代史专业。我们问他："你希望人们从你的经历中学到什么？"他回答："做好和你的客户做生意的准备，并设法使你的兴趣与此一致。寻找一个共同的目标，在这个目标下，双方能力的联合产生的效果远远超过了任何一种能力。评估你是如何通过你们的关系为彼此增值的，并继续利用这些积极因素。"

当被问及"你觉得一个高绩效者看起来是什么样的人？"的时候，他回答："他们完全可靠，总是能满足客户的需求。他们有相当的智商和情商来维持一段持久的超出交易行为的商业关系，他们在处理客户事情的时候尽心尽力，毫无保留。"

迪利普·马伊巴加南：任职于微软（Microsoft）

迪利普·马伊巴加南毕业于雷丁大学计算机科学专业，毕业后进入牛津郡一家初创公司担任软件开发员和培训师。在这家公司积累的培训、咨询、销售和管理方面的经验，使他在一家境外服务企业——后来的高知特企业（Cognizant）担任英国区总经理。

2008 年他加入了微软，为一家新的境外分支机构提升销售额。他完成任务的时候，收入增长超过了 27 倍，令人惊叹不已，他也因此被任命为欧洲、中东、非洲和亚太地区的全球交付销售总监。目前他是全球业务发展总监，负责微软新兴服务模块。

迪利普现在和他的妻子以及两个女儿住在伦敦。有空的时候，他喜欢打橄榄球、滑雪和赛车。

"你希望人们从你的经历中学到什么？"我们问道。"你应该尽可能多的和不同的人一起工作，而不是自己一个人去做"，迪利普说，"如果你没有人际关系网，就去建造一个。和你所在公司的同事们合作，同时也和客户所在公司的人合作，这两者之间不应有任何区别。你需要被客户视为他们业务中不可或缺的一部分，否则你就有被取代的风险。"

我们问迪利普："你觉得一个高绩效者看起来是什么样的人？"他告诉我们："今天我们应该做的一切不再仅仅是为了创收。而是要知道你对客户业务的影响。永远不要卖掉产品之后就走开。你在那个阶段所做的一切只是许下了承诺。成交后，你的销售才真正开始。高绩效者确保他们能赢得并终生留住客户。"

贾斯汀·斯通：曾任职于摩根大通（J. P. Morgan）

贾斯汀·斯通在西威尔士长大，他的家境不好，受教育程度不高，在遇见未来的妻子之前他身无分文，漫无目的地四处流浪。他的职业生涯从他离开英国陆军开始，因为之后他便加入了全球最大的保险集团——法国安盛公司（AXA），就职于英格兰埃塞克斯分公司的直接呼叫中心。在那里，他运用军事原则将销售流程分解为多个可复制的部件步骤，并将之高效率地执行起来。很快他就成为最佳销售员，被提升为团队领导。

三年后，贾斯汀被亨德森全球投资公司（Henderson Global Investors）任命为伦敦金融中心城市的客户服务团队经理。之后任职于哈特福德金融服务集团（The Hartford），这是一家打入英国市场的美国公司，四年后具备足够经验的他又被全球保险集团 Aegon 看中，并得到一个管理全国市场的职位。

在获得这样的磨炼后，贾斯汀在 2011 年被提升为施罗德（Schroders）全国销售部的负责人，在那里他发现他有能力将高级分析应用于整个资产管理公司销售实践的改进中。2014 年，贾斯汀受邀在摩根大通担任副总裁，分管该公司在英国的资产管理领域的销售主管。

我们问贾斯汀："你希望人们从你的经历中学到什么？"他告诉我们："当我看到销售人员忙忙碌碌时，我知道这意味着他们没有达到应有的效率。一些人拿着他们的高销售额说'我正在努力'！但是如果你想长期从事这个工作，那你就需要把一周的工作量缩短到一小时，并确保你是在主动而不是被动做事。少即是多。我花了很多年才明白这一点，但是当你这样做的时候，你会看到自己获得了巨大的进步。"

我们问贾斯汀："你觉得一个高绩效者看起来是什么样的人？""是那种会观察头号人物行为的人"，他说，"你总是想方设法磨炼你的技能。就像迪士尼乐园——每个细节都很重要。关注细节至关重要。我的观点是，确保你所做的每件事都做到最好，尤其是如果这是顾客看重的东西。"

菲尔·本顿：任职于阿迪达斯（Adidas）

菲尔·本顿的第一份销售工作是担任苏格兰—纽卡斯尔啤酒股份有限公司（Scottish & Newcastle Breweries）的区域经理——负责食品和饮料。在 1994 年入职欧洲最大的运动品牌厂商——阿迪达斯。他在完成了一系列的零售、贸易和客户营销任务后获得晋升，他帮助阿迪和锐步在面对耐克、新百伦、亚瑟士和安德玛这些强大的竞争对手时仍能稳步上升。2012 年他被任命为销售总监，并被选中去完成作为伦敦奥运会赞助商的工作。阿迪达斯为 2012 年伦敦奥运会提供官方服装和商品，另外还为英国队提供服装，并且为奥运村的志愿者和运动员提供了 300 万件服装。在菲尔的团队的努力下，那一年成为公司创纪录的一年，特许商品销售额超过 1.3 亿美元，是从北京奥运会上取得的销售额的 3 倍多。之后菲尔就被提升为英国和爱尔兰区的副总裁。

菲尔出生于英格兰诺丁汉，曾就读于英格兰西部大学，后来又就读于伯明翰大学。他现在与妻子和三个孩子一起定居在英格兰西北部，是诺维奇城足球俱乐部的终身会员。他还在国家联盟打了八年的曲棍球，后来成为曲棍球教练。

"你希望人们从你的经历中学到什么？"我们问道。菲尔告诉我们："有两点希望大家学习，首先让不想自己失败成为一种文化，但是也要学会接受失败在所难免的事实。另外需要认识到，销售环境从本质上来说是创造出来的，所以即使你有一些流程和策略来指导你，也要准备好去创新，向客户们想要的地方转向。"

我们问菲尔："你觉得一个高绩效者看起来是什么样的人？"他回答说："高绩效者是那些安静的成功者，他们只是不断工作着然后完成任务。你可以指望他们带领团队渡过难关。当你听到人们夸夸其谈他们将要做什么，甚或刚刚做了什么，他们通常只是没有安全感因而试图证明自己。高绩效者知道他们的价值，并给人一种谦逊、自信和庄重的感觉。他们有一个工作计划，一个私人生活计划，并且像老板一样将两者都管理好。"

克莱尔·埃德蒙兹：任职于 Clarify 公司

2003 年，克莱尔·埃德蒙兹将她第一个孩子的到来作为契机，瞄准她发现的一个市场缺口来建立自己的销售业务。她成立了 Clarify 公司，一家专业的商业发展公司，为企业销售提供了一个截然不同的运营模式——一个既能提供可预测的渠道和收入，又能带来长期变革的模式。谈到那些担心承担额外责任的初级经理的时候，克莱尔说他们担心的一个重要的原因是害怕失败。她说："他们害怕做错事，因此害怕失败就成了一个拦路虎。一旦人们有勇气冒险，允许自己犯错的时候，他们就可以上升了。"克莱尔坚持不懈，她的任务是改变公司利用和看待业务发展的方式。通过有机增长，Clarify 公司现在为全球知名的客户群传送价值，营业额高达数百万美元。她说成功取决于管理者和导师，"你需要周围的人来推动你去冒险，尝试不同的东西。在有些情况中，许多女性很难举起她们的手，自信地说她们可以做到。而男士似乎对自己的能力又有些盲目自信。"

在成立 Clarify 公司之前，克莱尔从事市场和募资工作。2014 年她被《商业杂志》（*The Business Magazine*）评为"年度女性"（Woman of the Year），这个奖项是对在其领域取得显著成绩和卓越成就的女性的表彰。2015 年 6 月，她被《真实商业杂志》（*Real Business Magazine*）和商业宣传集团英国工业联合会（Confederation of British Industry）评为荣获全国"第一商业女性（First Women in Business）"大奖的"第一位商业服务女性"，该奖项肯定了英国女性商业领袖的贡献。她和丈夫以及四个孩子住在西汉普郡，他们让她的周末忙得不可开交。

我们问克莱尔："你觉得一个高绩效者看起来是什么样的人？""一个渴望做正确的事情的人"，她回应道，"他们需要调查和深入研究问题或挑战的能力。他们能够在和客户开始对话的时候做出长远考虑。"

"你希望人们从你的经历中学到什么？"我们问道。克莱尔告诉我们："保持冲劲非常重要。换句话说，不断推动自己前进，确保自己了解客户在不同时间的不同需求。"

哈丽雅特·泰勒：曾任职于甲骨文（Oracle）

哈里雅特·泰勒在软件公司甲骨文的客户关系管理系统中工作。她的客户包括全球各地的公司和国家政府部门。她不是一位寻常的推销员。事实上，她完全与众不同。

她既是科学家，又是音乐家，还是专业的 IT 人员，她的任务是确保甲骨文公司销售最好的集成 CRM 解决方案，打破业务界限，在整个营销过程中——从市场、销售、商业、服务到社交——全方位的提供无缝的客户体验，此外她还有配置、定价和报价的职责。

在进入甲骨文之前，哈里雅特毕业于英国肯特大学，获得了一级物理学荣誉学位。她的理论物理知识非常丰富，因为她在该领域的杰出贡献，她被学院授予了物理项目奖，在上大学前，她在伦敦三一学院学习长笛，并获得了八级的成绩。哈里雅特和她的丈夫——一名注册会计师，以及他们的小雪纳瑞杰克一起住在肯特郡。当她不用工作的时候，她在当地的健身房里进行哑铃训练。

我们问哈里雅特："你希望人们从你的经历中学到什么？"她回答说："我正在尽力做到最好，我也希望你们做到这一点。我生活中的遗憾之一是，我知道的和我一样有动力的人太少了，我不知道他们是怎么了。如果你真的想推动你自己更聪明地工作，你将会取得连自己都难以置信的成就。"

"你觉得一个高绩效者看起来是什么样的人？"我们问道。哈里雅特的回答是："不害怕失败（心理学家说害怕失败主要是因为害怕自己）。害怕自己是不理智的。如果你能认识到这一点，你会发现失败并不要紧。显然，每一次成功都很重要，但是你可能还没有达到你所能达到的最好水平。除非你告诉自己你已经达到顶峰，否则你可以永远进步。我当然打算这样做。真正的专业人士是达到他们能力的顶峰，保持谦虚，不断学习，找到更高的山峰去攀登，并带着其他人一起去。"

艾丽斯·舍恩梅克尔：任职于思科系统公司（Cisco Systems）

在为索尼、杜莎夫人蜡像馆和一个世界一级方程式锦标赛车队工作圆满结束后，艾丽斯·舍恩梅克尔转站荷兰和德国的企业。这些公司包括两家口译机构、一家高档香水设计工作室和一家瑞典人力技术公司的国外分公司。2011年，她被猎聘到思科[欧洲、中东、非洲—俄罗斯区域(EMEA-Russia)]，负责集中精力提高渠道生产率，管理行为变化心理学，并推动虚拟团队中跨文化和跨区域的销售改进工作。这是一个挑战，因为她是企业矩阵式系统中的一部分，没有直接管理权。艾丽斯必须很快掌握外交和影响力的艺术。她现在在思科较大的技术和服务合作伙伴之间往来工作，每家公司每年的成本至少有3000万美元，艾丽斯和她的团队负责建立并维持每一种战略关系。

当我们问艾丽斯"你希望人们从你的经历中学到什么"的时候，她告诉我们："尝试不同的东西；探索你最擅长的是什么，什么对你来说是最自然的，什么不是；是什么给予你能量？与其走老路，不如利用你对自己优势的了解，迎接每一个挑战，让你的职业之旅成为你独一无二的东西。"

我们问艾丽斯："你觉得一个高绩效者看起来是什么样的人？"她这样说："一个有内在动力去做到更好的人，不管是面对什么事情。事实上，不可能事事都做得出色，然而，有了这种动力，你会永远以全新的眼光开始，并尽你最大努力去做。"

—

做了这些介绍后，是时候解锁第一个习惯了……

The Salesperson's Secret Code

—

Chapter

2

实现力：
制定明确目标，平衡成功的欲望
和失败的恐惧

目的地信念：

我在取得成功的时候最有成就感（实现力）

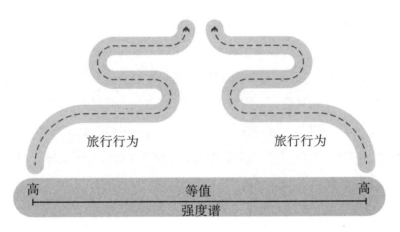

旅行动力 1

我必须赢，因为我害
怕失败（恐惧心理）。

旅行动力 2

我想做得比想象中
更好（欲望心理）。

　　通过对高绩效的销售人员为时 90 分钟的采访，探究他们的个人动
力，我们发现，无一例外地，他们都有很强的成功欲，并且相信成功
既能帮助他们变得更加专业，也能带来成就感。

为了确保研究的可靠性，我们将参与者分成两组：第一组是从参与公司中选出的高绩效的销售员，第二组则是绩效相对低些的销售员。

在这两个群体中，我们发现每个人都有共同的目的地信念。在研究是什么形成了这种信念时，我们发现了两种截然不同的旅行动力。

那个目的地信念是："我在取得成功的时候最有成就感"（实现力）。

旅行动力 1 中的实现力比较谨小慎微，因为这种实现力出于担心害怕，关注点在避免负面结果上。（"我必须赢，因为我害怕失败。"）

旅行动力 2 中的成就感比较激励人心，因为它来自欲望，关注在可控的风险范围内去实现改变并打开新机会的大门。（"我想做得比想象中更好。"）

两种旅行动力听起来也许迥然不同——事实也是如此——但每一个动力都为获得实现力发挥自己的作用。我们猜想是否其中一个旅行动力比另一个更有效。研究表明，尽管销售人员同时拥有这两种旅行动力，但他们对其持有的强度不同，这取决于他们是高绩效者和低绩效者。例如，100％的高绩效销售人员更强烈地受到旅行动力 2（欲望心理）的驱使。

事实证明，对他们来说，胡萝卜比大棒更强大。

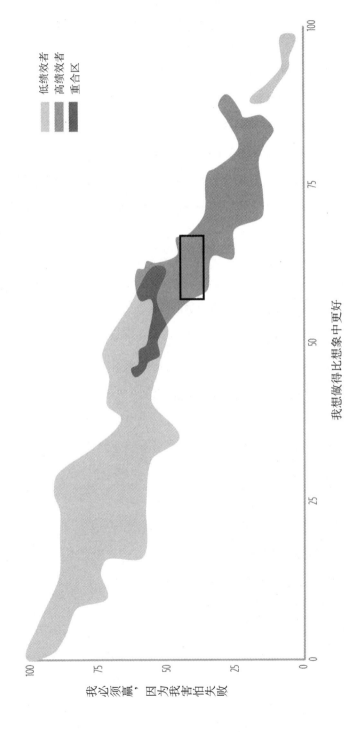

图 2 实现力旅行动力分布图

027

图 2 中，纵轴显示旅行动力 1 （恐惧心理），横轴显示旅行动力 2 （欲望心理）。单看这张图就是一个普通的散点图。但是图中有一个信息非常振奋人心。请注意矩形的位置，我们的研究发现，目的地信念之成就感最佳的位置在 62% 的欲望和 38% 的恐惧这个点上。这个紧密数群的位置验证了高绩效的销售人员同时拥有两种旅行动力，但是前 5% 的高绩效者想要做到最好的欲望几乎是他们害怕失败的两倍。这个数群里的所有销售人员在其他方面也都一致：他们一致都是高绩效者中的前 5%，他们都比其他人销售得多，都比同行业的人赚得更多。更清楚地讲一下我们是如何找到这前 5% 的：从高绩效的这一组里，我们使用记分卡，将人们分列在中位数的北部和南部。然后我们将前 5% 独立出来，从而确定了高绩效组的 5% 名单。我们再稍微停留下，解释一下我们这么做的原因。我们用记分卡创造一个公平竞争环境，在公司里来比较这些销售人员。例如，一个定量的衡量标准比如"这个销售员达到 100 万美元的销售额了吗？"并不是公平的对比，因为也有销售额只有 50 万美元，但他确实是高绩效者的情况。在过去的三年里，我们记分卡上的人不断达到目标。他们是否在某个时期获得了超额的新客户呢？

前 5% 高绩效者的信念体系非常务实。他们把恐惧当成火箭燃料来利用。恐惧感每天早上都燃烧着他们，点燃他们的饥饿感，将他们发射到他们可以发现的任何机会那里。但是他们也不是完美主义者。他们承认自己的缺陷，认为自己在"不断进步"，而实验、失败、学习和改进是他们面对的提升过程的一部分。这就和日本一本名叫《改善：日本企业成功的奥秘》（kaizen）的书的观点十分相似，书中提到世界上的任何东西都不是十全十美到不能改进的。

本次采访得来的数据表明前 5% 的销售人员有相同的信念体系，现在我们该来讨论如何能够将这个信念体系应用起来了。

旅行动力1："我必须赢，因为我害怕失败。"（恐惧心理）

"Atychiphobia"（意为"失败恐惧症"）一词来源于古希腊。"Atyches"意思为"不幸"，"phobos"意为"害怕"。失败恐惧症是一种精神状态，是一种因害怕不良结果的产生而强迫自己突破极限、忍受不适的情绪。这种情绪促使人们因为害怕身体虚弱、空虚寂寞和自我厌恶而去健身房；促使他们因为害怕得不到晋升或者一辈子从事没有前途的工作而努力考取更高的职称；销售员们则因为害怕别人认为他们能力一般，害怕被债务压垮，害怕看到他们的孩子得不到最好的教育，又或者害怕家里的老人得不到最好的医疗服务，因而他们一大早就到街上寻找客户，打很多的电话，并且在要达成交易的时候表现得大胆而自信。

这种情绪重点不在于你获得了什么好处，而是在于你避免了什么坏处。它有时被称为"燃烧的平台"（burning platform）。

这个短语源自1988年7月苏格兰海岸派珀·阿尔法（Piper Alpha）石油钻井平台的灾难性爆炸。共有164名船员和两名救援人员在那次北海石油勘探史上最严重的灾难中丧生。幸存者中有一位总监工程师安迪·莫汉（Andy Mochan）。他是一个极端的"一定要成功"的例子。因为他面对的情形是，失败就是死亡。

深夜从钻井平台传来加压天然气泄露的声音，就像报丧女妖发出的尖叫声一样恐怖刺耳，[1]声音吵醒了安迪，也在警示着其他人——出事了。不出几秒钟，钻井平台被突如其来的一场爆炸炸成两半，吞没在熊熊大火和刺鼻烟雾中。安迪在黑暗中摸索着穿过一条弯曲盘旋的过道，到达上面颤动的平台，那里燃烧的石油就像凝固汽油弹一般倾泻而下，被它砸中的设备、平台还有人都融掉了。安迪暂时找到了一块干净的甲板，祈祷可以在那里等到救援人员赶来。钻井平台上有救生艇，但是已经被焚化了，还有一个直升机停机坪也已经倒塌了。安迪不断后退，避让着蔓延过来的火焰墙，他在心里计算着如果他被迫从 15 层楼跳到下面的海里会发生什么。

假如他没有摔死，没有撞昏过去，没有被漂浮的碎片刺穿，没有摔断胳膊和双腿，没有被重型设备砸中，没有被倾泻下来的钢液淋到，那寒冷的海水也很有可能会要了他的命。他之前的训练知识告诉他，在被海水冻死和淹死之前，他有 20 分钟。

又一次爆炸的火焰直奔安迪而来，他必须做决定：现在就跳，还是等着被烧死。安迪做了一个避免更糟糕结果的决定，这就是他的"燃烧的平台"时刻。他选择了跳下去。想象一下：从 15 楼一跃而下，跳入奇寒无比、沉进去几分钟就会丧命的海水中是什么感觉？冰冷的大海散发着凶猛的热浪，这些热浪是海水表面上的油状火焰喷射出来的。火焰冲向空中，就像地狱里伸出的手指一样，伸向安迪，将他的命运拉下来。

安迪被严重烧伤，但他获救并幸存了下来。尽管他的生活再也回不到从前了，但他活了下去，并且过着幸福的家庭生活，直到 2004 年去世。他还在后续的岁月里坚持不懈地就安全问题开展运动。他从来不去想派珀·阿尔法石油钻井平台那个晚上带给他个人的改变，而是为了确保人们吸取这次教训，确保这次影响了许多人的灾难事件能带来一些积极的应对措施而奔走。

也许你正盯着自己"燃烧的平台"，或者可能需要面对未来的重大变化。你将如何回应？

安迪跳进了 150 英尺（45 米）的水里。回头看时，他看到整个平台都燃着熊熊大火——没有一平方英尺的地方没被吞没。当销售人员们被问及激励他们更多的是恐惧还是欲望时，100% 的销售人员透露，恐惧在某种程度上是行为的驱动力，但是，高绩效和低绩效的销售人员在这方面的强度水平不同。

我们用半结构化问题来采访参与者。这些是我们的内部心理学家根据现代测谎仪的发明者威廉·莫尔顿·马斯顿（William Moulton Marston）的理论建立的，威廉于 1928 年在《常人的情绪》（*Emotions of Normal People*）杂志上发表了他的发现。[2]

在这些访谈之后，我们将有这种旅行动力的和没有这种旅行动力的受访者分成两组：我们分析了第一组的共性，并确定了所有这些受访者的 10 个行为特征。

接下来，我们用访谈记录对这些特征进行了三角测量，以确认这些分数是否准确地反映了每种情况下的行为。简而言之，我们将被调查者引用的语言、使用的例子和提到的行为与我们的心理测量师提出的问题进行了比较。测量后筛选出了 5 个不一致的行为特征，和 5 个在每个访谈记录中一致的特征。这些发现说明如下。

最常被观察到的行为
1. 果断 / 坚定不移
2. 主动做事 / 独立
3. 发号施令 / 不可抗拒
4. 顽固 / 坚定
5. 竞技心强 / 求胜心切

我们了解到恐惧心理驱使着大多数（56％）的低绩效销售人员。这其中86％的销售员承认他们试图避免重蹈覆辙，本次采访中有两种常见的表达方式："我希望长大的自己能拥有比我的家人更高的地位和更多的钱。"或者"我想取得比我父母和我的竞争对手更大的成就。"（第二种信念有时候也被表达为"我不想长大后和我父母一样。"）

有人可能会认为，鉴于这个群体害怕失败，上表中强调的行为应该对他们有利。如果是这样，为什么他们不是高绩效者呢？在强烈的规避失败的愿望下做出的这些行为似乎用力过猛，结果适得其反。这就是经济学家们所说的边际报酬递减规律。在这种情况下，毫不动摇可能变成顽固执拗；独立自主可能变成特立独行；发号施令可能变成飞扬跋扈。

当被问及"对你来说，最终的成功和成就是什么样"的时候。有一点值得注意，那就是大多数低绩效者无法描述他们想要什么样的未来。大多数人没有花时间去展望未来、设想未来或设定新的目标。他们可以非常详细地描述正在经历的事，但不能描述他们正在追求的理想。

你能看出其中的问题所在吗？这就像看着后视镜开车一样。最常思考的事情决定了信仰体系和态度。态度决定性格，性格决定行为，行为决定成就。换句话说："态度决定高度。"

如果你花大部分时间研究过去，你可能注定要重温过去，而不是摆脱过去。恰如英国哲学家詹姆斯·艾伦（James Allen, 1864 年~1912 年）在《思考的人》（*As a Man Thinketh*）[3] 中写到的几个点：

- 灵魂会吸引那种它喜欢的，也害怕的。
- 想法先于动作，先于感觉。
- 正确的思维始于我们对自己说的话。
- 内心的转变会带来外在的转变。

切罗基族人（Cherokee）⁴讲述的一个民间故事也与此类似。一位祖父告诉他的孙子，每个人身体里面都有两只打架的狼。一只是好狼，它代表着你未来想要成为的样子，一只是坏狼，代表你害怕重复的过去。孙子抬头看着他的祖父问道："那么哪一只狼会赢呢？"祖父平静地回答他："你养哪只，哪只就会赢。"

所以，我们看到，重蹈覆辙的恐惧感驱使着大多数低绩效的销售人员。他们可能认为，记住那些糟糕的过去会激励他们追求更美好的未来。但事实上呢，如果你一直让过去在你的脑海里活跃着，你就永远不可能将过去放下。这个缺陷会潜移默化地阻碍低绩效者取得突破。如果你曾经听到自己或其他人说，"事情就是这样""这是我的命""对此你无能为力"，那么你可能需要避免庸人自扰。

绩效战略家马特·梅伯里（Matt Mayberry）说："所有高绩效者，无论职业，都知道在实际行动之前在脑海中想象自己取得成功的重要性。请看下面这三个例子。传奇拳手穆罕默德·阿里（Muhammad Ali）在实际比赛之前很久就想象自己获胜的场景，他一直强调这样做的重要性。金·凯瑞（Jim Carrey）还是一名苦苦奋斗的年轻演员的时候，他曾经想象自己成为世界上最好的演员。篮球职业选手迈克尔·乔丹（Michael Jordan）在真正投篮之前，总是先在脑海里想象投篮的画面。这些高绩效者，以及许多其他人，掌握了积极想象的技巧，并将其视为一种成功的策略。事实是，如果你不能想象自己实现了一个目标，很有可能你就不会实现。你想象得越生动，它对你就越有帮助。"⁵

我们看到，低绩效的销售人员不允许自己做出这一飞跃，而是宁愿坚守其也许充满痛苦、失望，也许很狭隘的过去……但至少这个过去是他们所熟悉的。他们早已经学会如何应付。私下里，他们甚至可能喜欢抱怨要走出当前的生活有多难。总有耳朵愿意倾听、放大和回应平庸之歌。这些人声称想变得更好，并用终有一天他们也会成为成功富有之人这种幻想来安慰自己。

但事实上，他们安于现状，按部就班地吃饭、睡觉、工作，日复一日。他们可能永远无法取得真正的成就。他们也许总是觉得不满意。成就是一个他们永远无法企及的奖项，因为他们一直走错了方向。他们走向了过去，而不是未来。

在调查过程中我们还注意到，许多低绩效的销售人员都在自我欺骗。从表面上看，他们告诉我们，他们的旅行动力是对失败的强烈恐惧。然而，我们从采访手稿中辨别出一种语言模式，这种语言模式揭示出，最深层的原因实际上并不是"对失败的恐惧"，而是"对承担责任的恐惧"。

让我们回过头来解释一下。失败并没有明确的概念。人们往往更愿意把它看作是他们无法控制的事情，而不是认为失败是他们自己的态度、行为或不作为的表现。这是对命运、对星象、对占卜术的屈服——这是一种被动接受，而不是主动出击的习惯。不相信自己能掌控结果成为失败的借口。

在坦诚面对失败的那一刻，一名销售人员说，带着一种令人痛苦的责任感去面对失败是多么可怕："如果我失败了，我就是失败本身。""不，我不要这样子！"在内心深处，人们普遍认为任何失败都是负面的，是羞耻、嘲笑和攀比的根源，或者是将一个人定义为破产或价值低的人。在这一组中，几乎没有人认为失败可以被看作是一个值得学习的积极参考点。相反，人们一致认为，失败是应该不惜代价去避免的事情。大多数人都煞费苦心地向我们指出，这种信念是一种美德。他们自豪地戴着这个信念徽章。

这种态度从何而来？每个人都不一样。也许在他们年幼时，他们的父母很严厉，要求很高，因此他们决心长大后永远不要被人摆布。也许他们从未做过家务，长大成人后，他们从未学会尝试、失败、面对和进步。有些人在车接车送、衣来伸手饭来张口、先下单后送货上门的世界里长大，只知道享受成果，不知道如何在尝试和失败中得到它。有些人一开始便觉得公司生活充满压力，充满完美文化，他们也许会害怕犯错，因为担心这种错误会让他们有失颜面或身份。

对这些人来说，失败是他们逃避的东西，它不是一个熟悉的伙伴，因此它作为一个老师的价值是不被理解的。所以，他们坚持相信他们所知道的，谨慎行事，三思而后行。当失败不可避免地到来时，一些人就会崩溃。其他人则开始润色他们的简历，试图粉饰过往。更有甚者直接修改数据，掩饰错误，或轻易指责别人。长此以往，它终会爆发，还会伤及周边的人。

现在我们来计算一些数字。如果你在一个100人的销售队伍中工作，根据平均法则，50人表现得好，50人表现差些。我们早先已经发现，恐惧驱动了56%的低绩效者，这其中又有86%的人特别害怕重复过去的失败，所以他们会避开、转移或欺骗以避免重蹈覆辙。在此基础上，一个100人的销售团队统计下来将会有24人坚持这个信念。基本上有25%的销售人员的行为被这种无望的、自我挫败的信念驱使着。

厌恶恐惧的态度会扼杀创造力，也会削弱用来突破界限所需的力量。试想一下这能创造出什么样的销售人员。他们会给陌生人打电话吗？会做一个详细的调查吗？会加快进程吗？会尝试收尾或者询问是否下单吗？他们是更愿意还是更不愿意去调查他们的客户，然后大胆假设他们已经理解到客户的真正需要，可以在白板会议或者口头讨论中游刃有余？或者，他们更喜欢用幻灯片或小册子这种安全的、事先准备好的宣传手段？

你们的人力资源部门是否能在招聘过程中淘汰那些自我限制的人？有专门的筛选程序可以做到这一点。我们从研究中了解到，一个充满欲望的团队会比充满害怕心理的团队销售得更多。在理想的情况下，这将是选择新员工的一个标准。但是对于大量的在职销售人员来讲，这点并不适用。让人庆幸的是，自我限制的想法是可以被移除的。没有人必须被他们过去的信仰体系所束缚。

美国励志演说家丹尼斯•E. 怀特利（Denis E. Waitley）曾经写道："简单的事实是，没有失败就没有成功。失败应该是我们的老师，而不是我们的葬送者。失败是将成功延迟，而不是最终的挫败。失败只是暂时绕离了成功，并不是无路可走。只有那些不说，不做，没有志向的人才没有失败。"[6]

托马斯•爱迪生尝试了一万次才将灯泡制造出来。他的态度是："我没有失败一万次。我一次也没有失败过。我成功地证明了这一万种方法是行不通的。"[7]詹姆斯•戴森尝试了5127次终于发明了双气旋真空吸尘器，最终成为亿万富翁。[8]

同样的道理，80%的销售人员需要打5次后续跟进电话，然而92%的销售人员在被拒绝4次后就放弃了一个潜在客户，44%的销售人员只在第一次被拒绝后就放弃了！白手起家的《哈利•波特》作者J. K. 罗琳也写道："失败非常重要。我们总是谈论成功。但是有效利用失败的能力往往会导致更大的成功。我遇到的太多人都因为害怕失败而不愿尝试。"[9]

所以，如果不把失败当成碌碌无为的借口，那么失败根本不算什么。每年都有365个新的开始。每天清晨，不敢冒险的人总是往后看，害怕承担责任，其实低绩效的销售人员也可以选择面对未来，主动出击，完成蜕变。

第一步是设想一个摆脱过去的全新的未来。

在我们的研究小组中，78%的低绩效者无法用具体的语言或者可衡量的方式表达自己真正想从生活和职业中得到什么，他们不会设定目标。

机会就在于掌控好对失败的恐惧，引导你去发现和到达一个新的目的地，而不是将这种恐惧感直接忽视。通过这样做，你的恐惧感和不安全感将会减弱，取而代之的是一种达到新高度和变得比想象中更好的渴望。

旅行动力 2："我想做得比想象中更好！"（欲望心理）

销售行业最注重的是结果。每个销售员都有同样的目标：用尽千方百计、使尽浑身解数，直到买家确定下单，钱已入手为止。但是有些销售员的绩效就是高于别人，是什么造成这种差距的呢？

高绩效者和低绩效者持有的旅行动力强度不同。他们心中有一个目的地。他们允许自己超越群体，变得更好——好得超出自己或者别人的想象、超出过往经验。他们相信，各种形式的成功都会带来成就感，因此，越大的成功会带来越大的成就感。

我们的"模范销售员"之一，路易斯·乔丹，在谈到失败时总结得很到位："我认为，对我来说，总是有一种担心无法实现目标的恐惧，因为我还没有足够的能力应对这个问题。回想起来，有一种情况令我最失望，那就是有一个成功的机会，而你却错过了。用一个例子来说明：你没有做好充足准备，对你的听众没有同情心，而你事后才意识到这一点。这就是一种失望。我会担心这种情况发生。未能成功登上火星，反倒不是我担心害怕的。让自己从一开始就得到正确的指导。接受指导是一种优点，不是缺点。通过指导，找出你应该知道的事情，去了解它，然后以最快的速度去解决它。"

注意了，路易斯之所以将失败视为一种失望，是因为本来可以做到却没有做到。生活就是在不断地重复。卓越不是一种艺术，而是大大小小的事，我们总是习惯性地去做。日复一日，一点一滴，你可以慢慢改变你的生活态度，变得更好。通过回答这个问题来验证：

到今晚睡觉前，我将如何成为比今天早上醒来时更好的自己呢？

低绩效者感觉这个问题有威胁意味，因为它意味着做出改变是可能的，还意味着必须要有责任感。但高绩效者每天都会这么问自己。

他们首先检查他们在生活中扮演的不同角色，以及每个角色所需要的不同行为。例如，你可能扮演着销售人员、父亲、儿子和朋友的角色。或者你可能是经理、女儿、姐妹和志愿者。每个角色都是你多元生活的一个方面，每一个角色都需要被管理和平衡，这样你才能感到集中和充实。

在你的笔记本上，你是否曾经把你扮演的每个角色单独作为标题写下来？建议你每天花点时间把你在每个角色里想要达到的目标写下来。如果你还没有这么做，那么现在就开始吧，开始很简单。寻找一个安静的可以让人静下心来认真思考的地方。关掉你的电子设备。用这点时间快速记下人生的不同方面对你真正重要的是什么，并制定达到这些目标的计划。当你实现了这些目标后，写下新的目标，一直向前进。每天给自己10分钟的时间来完成这个仪式，这会带来巨大的改变。这是形成一个新的有力量的习惯的开始。你想得最多的是什么，你就会成为什么。

我们发现，88%的低绩效者在采访中表现出一种信念，认为其他人更好、更幸运、更受优待，他们有更好的出身，尝尽了甜头。这就是自卑情结，我们的内部心理学家将其描述为对普遍不足的一种不现实的感觉，这是由其在某一方面的实际或假想的自卑造成的。这可能表现为对他人的公然敌视或被动攻击行为。

这种消极信念把成功看成只有其他人才能拥有的东西。这是一种自我限制。这种信念在高绩效者那里销声匿迹，正如心理学家兼作家亨利·C. 林克（Henry C. Link，1889 年~1952 年）所说："有的人因为自卑而犹豫不决，而其他人则忙着犯错，在犯错中变得更加优秀。"[10]

与我们交谈过的成功的销售人员都希望变得更好——好到他们曾经不敢想象。要做到这一点，就需要极度诚实。他们必须认清自己。其中一人说："承认自己没有自己想要的那么好会挫伤你的自尊心。但你必须拿着手提钻到你现在的生活中，把事情搞砸。这必然涉及个人牺牲。你必须将那些阻碍你前进的信念和行为换成离你实现目标更近的信念和行为。"

摩根大通的模范销售员贾斯汀·斯通告诉我们，成就感对他来说意味着："在我职业生涯的早期，我只是想要下一笔工资、下一个假期和我自己的房子。当我实现这些目标后，我对实现力的定义发生了变化。既然我有了妻子和孩子，并且有了更多的安全感，我开始想我留给别人的是什么。能让我现在早起奋斗的不再是 30 岁时让我开心的事情了。为了清楚起见，我请了一位很棒的导师。要是我能早一点这么做该多好。做个人诊断是十分有利于健康的，正如你检查汽车的刹车，给汽车加满油，重置卫星导航一样。"

贾斯汀的故事可能会引起你的共鸣。年轻时让他快乐的东西不能让晚年的他满足，因为他早已实现年轻时的目标。因此，他一方面仍然继续着这些目标，另一方面又增添了新的目标。他实现的能力也增强了。他的人生画布也扩大了。

尽管贾斯汀已经取得成功，但他仍然保持着对失败的适度恐惧。是的，即使是高绩效者也害怕失败，但与低绩效者不同的是，对失败的恐惧并不会主导他们。他们在对失败的恐惧和对卓越的渴望之间取得平衡。没有这种平衡，人们会觉得自己穿着防弹衣，无所谓，无所畏。这可能导致傲慢、鲁莽或很自我的行为。

事实上，最底层的 5% 的低绩效者表现得一点也不像低绩效者，而是极端版的高绩效者。像华尔街的狼一样，这些销售员表现出巨大的胃口和欲望，却没有任何恐惧。这就容易适得其反。他们的行为使他们不断妥协和让步，问题不断积攒，这些问题在计划落空之后便会暴露出来。我们的发现与《哈佛商业评论》（*The Harvard Business Review*）一致。《哈佛商业评论》将这类领导者归类为"外科医生"。希尔、梅隆、莱克和戈达尔 2016 发表的研究总结："外科医生既果断又敏锐，他们享受胜利的喜悦，坚信只要身体健康，刻苦训练，态度端正，就会成功。"但他们打破规则，承担风险，不受任何限制；他们是自己的法律。他们只关注此时此地，而没有时间去关注其他事情。他们可能说得天花乱坠，但造成的问题却比他们解决的要多。[11]

路易斯·乔丹对实现力和成功的看法很有启发性："我发现要想给实现力定义相当困难，因为它有点像在加勒比海诸岛旅行。当你认为你找到了最好的岛屿，这里不仅仅能潜泳，海边还有最绿的棕榈树，但是你突然意识到下一个岛屿也许还要好一些。所以，当你在 A 岛玩得很开心的时候，又总是会被 B 岛吸引。成功和实现力的区别在于，成功就像 A 岛，但是 B 岛就是下一个期待。也许，实现力近在咫尺。"

"我大学毕业时没有什么宏伟的计划，但有一个雄心勃勃的目标"，他说，"那就是拥有最大限度的选择能力。我的目标是做我喜欢和擅长的事情。这就需要创造一些有价值的东西，然后成为它的一部分。

它还必须是具有正义感的，让我可以无所畏惧地站在后面。

"我无时无刻不这么想着。我在英格兰东北部长大，目睹过许多别无选择的人失业，失业后的他们也失去了收入来源和选择的权利。可能从那以后我就开始想，应该有一个关于人生、成功和实现力的更好的规划。我一直把金钱当成实现目标的工具，但就金钱本身而言，我认为查看银行账单并不会让我感到兴奋。"

似乎成功的关键就在于适度：适度的欲望，适度的恐惧。高绩效者就是这么做的。就像发射台上的火箭，如果你没有施加足够的推力，重力会让你停留在地面上。即使在升空后，如果你没有施加足够的推力，重力也会把你拉下来。总是有两种相反的力量在起作用。在实现这个问题上，这两种力量就是推力（欲望）和重力（恐惧）。

当你准确估量这两种力量，并使欲望比恐惧更强大时，你就获得了更高的高度。你不能太快冲进轨道，否则太空舱可能会震裂。你也不能上升得太慢，否则你就无法达到逃逸速度。在升空过程中，宇航员会确保火箭用最合适的速度在正确的轨道上运行。

在我们的研究中，我们查看了每一份访谈记录中一致的行为特征，以及这一组的行为分析相应资料。以下是我们的发现：

最常被观察到的行为
1. 热情／乐观
2. 风趣／幽默
3. 冒险意识／未知刺激

最常被观察到的行为
4. 精力充沛 / 出色应对
5. 竞技心强 / 求胜心切

受欲望这种旅行动力驱使的销售人员可以坦然接受失败，并且感激他们职业生涯有起有落，有高峰也有低谷。古拉丁道德准则作家普布利乌斯·西鲁斯（Publilius Syrus）说："害怕你无法避免的事情是愚蠢的。"那些践行了欲望这种旅行动力的人认为：实现力就是喜欢给自己惊喜，喜欢向自己和他人证明他们能走得更远，超乎任何人的想象。

微软的模范销售员迪利普·马伊巴加南告诉我们："我的大部分工作经历都在初创企业，它们是大组织里的小公司，那是我真正的激情所在，因为一切都取决于你。我个人偏爱独立做事，但对于一个全球化的团队来说，让别人帮忙是很重要的。微软的整体文化正在开始改变，因为他们和我一样，相信人生就是为了学习而失败。"

迪利普对他所在部门展现的微软文化的描述表明，该部门是一个高效的销售团队。这个团队的人都知道失败是不可避免的，所以要不断地向前看，不能不思进取。变得比想象中更好是一种生活激情。

我们从每位追求实现力目标的销售员中发现了激情，他们通过"我想做得比想象中更好"这个旅行动力来实现这个目标。他们的激情并不总是与工作有关。顶级销售员还有工作之外的激情。

东芝公司（Toshiba）首席运营官汤姆·坎利夫是一名出色的自行车手。阿迪达斯的销售总监菲尔·本顿是一名才华出众的曲棍球运动员。2011 年被《Inc.》杂志授予"有史以来十大最佳销售人员之一"的埃瑞卡·费德勒，还是一名世界级钢琴家。

并非所有的激情都为公众所知。一些高绩效者还是技术精湛的园艺家、多产的系谱学家、忠诚的志愿者或热心的读者。

激情是什么，它与一时的兴趣有什么不同？激情是你不可或缺的东西。当它从你的生活中消失时，你会感到空虚，并且备受折磨。你总是希望做的事情、你的生活都与它有关，希望成为它或者拥有它。如果你读过《像 TED 一样演讲》（*Talk Like TED*）[12] 一书，你就会熟悉这个问题："是什么让你的心歌唱？"当我们与这些销售员交谈时，我们会提出这个问题，然后，我们得到了惊人的答案！

每天早上，激情将高绩效者唤醒，而恐惧将低绩效者叫起。请想象一下每天被激情唤醒，你的心都在唱歌的感觉。然后再想象一下每天被恐惧唤醒的感觉吧。不同的动力产生不同的绩效结果。

并不是说你的激情必须只与销售有关。事实上，在我们采访的模范销售员中，没有一个人宣称销售是他们的个人爱好。但是他们确实都充满某种激情。他们有深刻感受和郑重承诺的能力，这对他们在生活和事业中的表现产生了重大影响。

你可能会问自己，是否只有顶级绩效者才会对某件事表现出激情？事实上，大约10%的低绩效者声称他们也有激情。然而，这种激情似乎更多的是一种逃避的方式，而不是一种创造正能量，然后转化为职业成功的东西。最后，这取决于我们的选择。我们可以选择逃避我们的销售角色，或者可以选择将激情投入到实现"逃逸速度"上。这显然会产生两种截然不同的结果。当你专注于你热爱的事情时，你更有可能在更广阔的生活中重塑它们。这种感觉很好，为什么不做超乎想象的那个自己呢？

接下来的内容是一些关于实现力的发人深省的文章。找一个安静的地方，思考这些问题，写下你的回答。这样做会让你踏上使用销售秘诀之路。

在此之后，我们提供了更多关于实现力的见解，这些见解由我们为了研究而采访的来自世界各地的模范销售员提供。

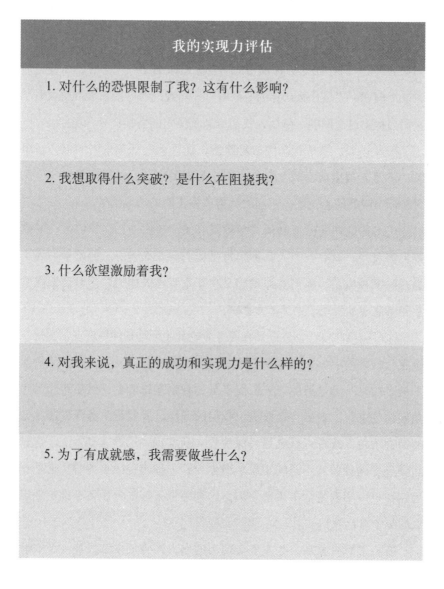

我的实现力评估

1. 对什么的恐惧限制了我？这有什么影响？

2. 我想取得什么突破？是什么在阻挠我？

3. 什么欲望激励着我？

4. 对我来说，真正的成功和实现力是什么样的？

5. 为了有成就感，我需要做些什么？

高绩效销售员关于实现力的更多见解

1. 确定是什么"让你的心歌唱",是什么让你最有激情,是什么动力让你起早贪黑。这定义了你的目标。

2. 当别人向他人描述你的时候,选择你希望他们使用的"个人标签"。亚马逊创始人兼首席执行官杰夫·贝佐斯(Jeff Bezos)表示:"你的标签就是人们在你不在场时对你的评价。"

3. 无论是经济衰退、竞争威胁、市场萎缩还是办公室政治,都要化逆境为优势。"追逐好机会"会让你的行为与"避免坏后果"时不同。把你的杯子看作半满的,而不是半空的。

4. 给自己一个从人群中脱颖而出的机会。自我学习、自我教育、获得新的知识和技能。事实上,你在阅读这本书的这件事就已经表明你是一个好奇的人。保持这份好奇心,做一个自尊自爱的人。

5. 确定理想的榜样。如果他们在你的朋友圈中,安排和他们会面,询问他们如何战胜恐惧和限定信仰。如果他们不在你的朋友圈,请关注他们的博客、文章和新闻。

6. 如果你从事的是需要很长时间才能完成的战略性销售工作,那就设定一些短期目标,这样你就可以在通往大胜利的道路上庆祝短期的成就。这样就可以保持较高的积极性。

7. 除了你的商业目标之外,每周设定自己的私人目标,并为实现目标而奖励自己。

你在想什么？

心理学家说……

在社会科学领域，实现力并不是一个新概念。事实上，在20世纪50年代，美国心理学家亚伯拉罕·马斯洛（Abraham Maslow）研究了人类的需求层次，以及是什么激励着我们每天在做的事情。马斯洛发现，需求会影响一个人的活动，直到它得到满足。人类有五种基本需求，当每一种需求都得到满足时，它就不再有动力了。最基本的需求（如食物、住所、温暖、安全）必须首先得到满足，然后才能得到更高层次的需求。马斯洛的理论认为最大的需求是自我实现。[13]

自我实现是指个人成长和发现的需要，这种需要贯穿于个人的一生。对于一名销售员来说，这可以推动他们成为最好的销售者，并实现个人目标和商业目标。通过这样做，他们满足了自己的需求，从而完成了自我实现。花时间去发现真正激励你努力实现目标的因素很重要。这有助于减弱我们时常怀有的不安定感和对失败的恐惧感。很少有人会在早上醒来时对自己说："今天我做的事情会变成垃圾！"人类想要成功，诀窍是确保积极的自我实现心态比消极和抑制的心态更多。你最感兴趣的是什么？你为什么这样做？正确使用，这对于销售经理和领导者来说是一个强有力的洞见。

激励技巧可以用来帮助每个销售人员感到满足。这种激励包括直接的金钱奖励、新的学习机会、个人评价、归属于一个更大的成功团队的感觉等等。了解每个人的自我实现过程有助于管理者和销售人员更有效地利用激励技巧，通过实现他们的商业和个人的野心、目的和目标，增大双方都满意的可能性。

关于实现力的最后一句话

大象和绳子

在美丽翠绿的斯里兰卡，在通往坎迪的路上，在高高的山上，有一个大象孤儿院。这些动物得到了很好的照顾，受到了善待和尊重。孤儿院的大部分收入都来自游客，他们被鼓励到森林里的空地上去触碰和抚摸这些美丽的动物。近距离观察，这些大象看起来非常聪明。细心的游客可能会注意到，每头大象身上都有一根小绳子，松散地绑在一只脚踝上。大象可以随时挣脱，因为绳子没有力量，但它们并没有挣脱。原因是，当大象还小的时候，饲养员会用同样的绳子，那时绳子可以将它们牢牢套住。当他们长大后，他们仍然相信绳索可以套住他们，所以从不试图挣脱。

我们中有多少人就像是斯里兰卡的大象？

目的地信念：

我在取得成功的时候最有成就感（实现力）

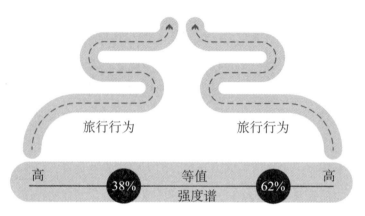

| 旅行行为 | 旅行行为 |

| 高 | 38% | 等值
强度谱 | 62% | 高 |

旅行动力 1
我必须赢，因为我害
怕失败（恐惧心理）。

旅行动力 2
我想做得比想象中
更好（欲望心理）。

　　100％的销售人员表示，恐惧心理在某种程度上是一个驱动因素，但它的受欢迎程度在高绩效者和低绩效者之间截然不同。

　　100％的高绩效销售人员更强烈地受到欲望而不是恐惧心理的驱使。他们不断地根据自己的发展目标来评估自己，使自己成为最专业、最有成效的销售人员。

就像发射台上的火箭，如果你没有施加足够的推力，重力会让你停留在地面上。即使在升空后，如果没有足够的推力，重力也会把你拉下来。总是有两种相反的力量在起作用。在实现这个问题上，这两种力量就是推力（欲望）和重力（恐惧）。当你准确估量这两种力量，使欲望比恐惧更强大时，你就获得了更高的高度。你不能太快冲进轨道，否则太空舱可能会震裂。你也不能上升得太慢，否则你就无法达到逃逸速度。在升空过程中，宇航员会确保火箭用最合适的速度在正确的轨道上运行。

56%的低绩效销售员害怕失败，86%的销售员特别害怕重复过去的失败，所以他们会躲避、转移或欺骗以避免失败。

78%的低绩效者无法用具体的语言或者可衡量的方式表达自己真正想从生活和职业中得到什么。他们不会设定目标。

最底层的5%的低绩效者其表现一点也不像低绩效者，而是极端版的高绩效者。像华尔街之狼一样，这些销售员表现出巨大的胃口和欲望，却没有任何恐惧。

The Salesperson's Secret Code

—

Chapter

3

控制力：
抓住机会，主动为销售结果负责

目的地信念:

必须总有某人 / 某事对成功负责（控制力）

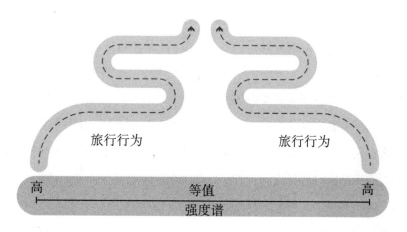

旅行动力 1
我能控制的只有这么
多（受害者心理）。

旅行动力 2
我最终要对自己的命
运负责（英雄心理）。

销售人员知道作为销售秘诀的目的地信念——控制力的含义。他们
认为必须总有某人或某事对成功负责，因此他们会评估自己未来想要达
到的目标、现在的状态、需要跨越的鸿沟，以及在实现目标的过程中有
哪些力量会帮助或阻碍他们。绩效最好的人对成功和失败表现出强烈的
个人责任感，很少推卸责任。如果失败了，他们不会责怪经济、疲弱的

销售势头或定价政策。他们接受问题并从中吸取教训，把失败看作是暂时的弯路——这是下次可以学习和应用的东西，而不是目的地。

在两组销售人员中，第一组由受访公司中绩效最高的销售人员组成，第二组则由绩效最低的销售人员组成。我们从中发现了两种相反的旅行动力。

旅行动力 1 认为，并不是所有的结果都能得到保证，它认为我只能控制这么多。这在一定程度上呼应了 19 世纪普鲁士军队指挥官赫尔穆特·冯·毛奇（Helmuth Von Moltke）的观点。毛奇开创了在战场上指挥军队的更现代的新方法。套用冯·毛奇的话说："任何作战计划在第一次与敌人接触后就失效了。"[14] 或者，就像拳击手迈克·泰森（Mike Tyson）说的那样："每个人都有自己的计划，直到挨揍了为止。"[15] 然而，对于持有很高强度的这种旅行动力的销售员来说，这种实用主义在他们身上表现得并不明显。他们似乎不会孤注一掷。他们不愿全身心投入，因为在内心深处，他们认为自己的努力可能会出错，那时他们希望能够有机会对自己说："还好，我没有陷得太深，那样就太傻了。"为了简化起见，我们把这种旅行动力称为受害者心理。这种心理给人造成的感觉是，他们几乎没有控制局面的能力，改变命运太难了只能放弃，他们很容易让其他人（比如顾客或者销售经理）主导谈论内容。

控制力的旅行动力 2 揭示了要对结果负全部责任。它写着：我最终要对自己的命运负责。这太勇敢了！正如现代心理学之父西格蒙德·弗洛伊德（Sigmund Freud）所写："大多数人并不是真的想要自由，因为自由涉及责任，大多数人害怕责任。"[16] 然而，拥有这种旅行动力的销售人员认为，要想获得或者维持控制力带来的自由和回报，就必须承担全部责任，这是唯一真正的保证。为了简化起见，我们把这种旅行动力称为英雄心理。

乍一看，这两种动力似乎截然相反：一个让你陷入对结果的追求，另一个让你摆脱它。但是，根据高绩效者的阐释，这两者之间还有更多细微的差别。

当高绩效者听到内心的旅行动力1——"我能控制的只有这么多"的时候，他们开始盘算自己愿意承受多大的风险，并在脑海中形成一个清单，列出减少风险所需的行动。他们情不自禁，这是他们准备行动之前的一个无意识的"能动"反应。然而，低绩效者似乎认为这没什么大不了（也就半杯水的事情），处理起来也就十分随意，他们把期望值降得很低，还为自己取得很低的结果找借口。显然他们对结果的自信程度不同：一个决定行动（英雄心理），而另一个则决定任人宰割（受害者心理）。

当高绩效者听到旅行动力2在耳边私语——"我最终要为我自己的命运负责"，这是一个释放出来的充满能量的口号，呼吁他们变得更有冒险精神，更加勇敢，更想抓住机会，去创造最好的命运，并且为结果负责。相反，低绩效者也听到了这个声音，但是他们对这个声音意图的理解却大相径庭。他们不相信自己内心的声音，担心自己会因此被指责。"最终负责"意味着你不能推卸责任，"命运"意味着被困住。高绩效者和低绩效者用完全不同的方式来处理相同的旅行动力。

我们研究了一种旅行动力比另一种更有效率的可能性。研究表明，销售人员需要两种旅行动力，只是需要的程度不同。每一个高绩效的销售人员都拥有更强的英雄心理和较低的受害者心理。

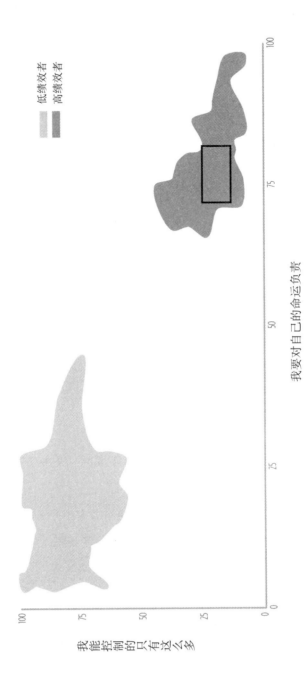

图 3　控制力旅行动力分布图

如图 3 所示，我们的研究得出，控制力目的地信念的最佳位置是 78% 的内部责任（如横轴所示，英雄心理下做出的行为）和 22% 的外部责任（如纵轴所示，受害者心理下做出的行为）。这一最佳位置用矩形表示。这一紧密集群的位置表明，顶级销售员同时拥有这两种旅行动力，但强度不同，高绩效者的英雄心理强度是受害者心理强度的三倍。

有了经验证据表明前 5% 的销售人员都有这一共同点后，我们接下来要探讨的是，如何采用和他们相同的思维体系。

旅行动力 1："我只能控制这么多。"（受害者心理）

50% 的受访者认为，他们对自己的销售、职业、生活或对他人的控制力有限。他们觉得自己很了解自己，知道自己擅长什么，自己的困难在哪里。他们利用这种自知之明，在安全、熟悉、可控的环境中生活。

在一个熟悉的领域里，拥有这种旅行动力的销售人员会感到强大——甚至是幸运——但在新领域却往往无能为力。正如网球、壁球和篮球运动员在熟悉自在的场地打球时，会提到"主场优势"。中国文化非常重视风水的概念，认为风水的位置会影响一个人的能量流动，进而影响他在个人和职业生活中的表现。[17] 不管你是否相信无形的能量，我们肯定听过客户经理解释，被分配到一个新位置会让他们处于劣势，改变他们的能量，剥夺了他们的控制力，所以失败不可避免，因而并不是他们的错。他们说："将我放在正确的位置我就能有卓越的表现，但是现在我被挪到了不正确的位置上，因此我无法达到目标了。"

"错误"和"不能"这两个词揭示了一种固定的心态，即失败是既定事实。如果情况不像他们想的那样，一些持受害者心理的人就会认为他们已经失去了控制力，无法挽回败局。他们无奈地摆摆手，收拾好工具回家。但俗话说，同病相怜。因此，对这些受害者来说，向同事诉说自己的绝望情绪是很常见的，他们把自己的悲惨遭遇说得非常真实，以至于其他人可能开始怀疑，自己是否也受到了公司系统、程序或管理技术的所谓"缺陷"的影响。这就好比一颗老鼠屎坏掉一锅汤。

前美国空军飞行员，《纽约时报》（*New York Times*）畅销书《幻影》（*Illusions*）、《永远的桥》（*The Bridge Across Forever*）和《海鸥乔纳森》（*Jonathan Livingstone Seagull*）的作者理查德•巴赫（Richard Bach）曾经说过："如果总是认为这不是我们的错，我们就不能承担责任。如果不能承担责任，我们将永远是它的受害者。"[18] 对自己的行为不负责会助长平庸，会阻碍我们成长，不论是个人方面还是职业方面。

你是否听到过没有完成指标的销售人员说"我的指标太高了"、"定价策略不对"、"我们的领导不行"或者"产品过时了"？他们是为结果承担责任，还是甘愿成为受害者呢？

你上次失去潜在的销售机会是什么时候？你能确定具体的时刻吗？是因为环境使你成了受害者失去了控制力吗？或者，如果你将计划做得更好一些，准备更充分一些，保持更强的好奇心，打更多的跟进电话，更多地倾听对方，更加自信，跟进得及时一些，就能赢得这个机会呢？

我们在探讨这种旅行动力的时候惊奇地发现，大多数低绩效者根本不知道自己是低绩效的。他们把自己当成是最积极的那一类人：勇敢、无畏、乐观、勤奋，失败只是他人造成的，或者是造化弄人。

抢劫银行未遂的麦克阿瑟•惠勒（McArthur Wheeler）就是这样一个例子。1995 年，惠勒在匹兹堡持械抢劫两家银行。[19] 他知道柠檬水是隐形墨水的主要成分，于是将柠檬水涂在脸上，自以为这是万无一失的伪装。他认为只要不穿过紫外线或者靠近热源，银行的安保探头就不会捕捉到他的脸部图像。在犯罪数小时后被警察抓住时，他还觉得困惑不已。

查尔斯·达尔文（Charles Darwin）1871 年写道："无知比知识更容易让人产生自信。"[20] 惠勒无视所有已知的物理定律，对成功抱着绝对把握的心态。这就启发了康奈尔大学的心理学家戴维·邓宁（David Dunning）和纽约大学斯特恩商学院的贾斯汀·克鲁格（Justin Kruger）来研究这种心态。他们指出，当人们不胜任工作时，他们会承受双重负担。他们不仅会得出错误的结论，做出糟糕的选择，而且他们的无能也剥夺了他们看清真实自己的能力，从而使他们失去了警醒的机会。

邓宁和克鲁格的研究发表在 1999 年的《人格与社会心理学杂志》（*Journal of Personality and Social Psychology*）上，题为《技能不足和无意识：无法认知自己的无能导致过高的自我评价》。[21] 2005 年，《哈佛商业评论》就该研究发表了一篇文章，标题简明地写道《无能者亦无知》。[22] 这一结论表明，能力不足的人达不到为他们设定的大多数标准，为自己的无能找借口，看不到别人能力强的地方。他们就这样稀里糊涂地生活着。

在四个独立的研究中，邓宁和克鲁格的测试对象严重高估了自己的能力：在语法、逻辑和幽默测试中，他们分数很低，在百位制的第 12 位，但他们自我评估得很高，在第 62 位。这种误差与元认知技能（也就是区分正确和错误的能力）不足有关。因此，失败从来不是他们的错——是老天的安排。这是受害者旅行动力的基本心理。

以下列出了每次访谈记录中一致的行为特征，以及持有"受害者旅行动力"的人的相应行为模型。

最常被观察到的行为
1. 渴望 / 不耐烦
2. 咄咄逼人
3. 性格坚定 / 强势
4. 乐观
5. 大胆 / 勇敢

我们的内部心理学家发现，这些人是果断的、以任务为导向的、具有高度的乐观精神、很有个性。是不是听起来不像是一个绩效低的受害者？这就是探索销售习惯如此重要的原因之一。本质上，人格评估和心理测试为理解广泛的行为类型提供了一个极好的框架，但它们并没有揭示所有潜在的信念。

例如，想象一个销售人员，他看起来很有动力，很有影响力，可能会爬上任何一座山。但是假设在攀登的过程中，一场名叫"困难"的风暴在山坡上降临。这个风暴也许是他们个人生活中的一次挫折或损失。雨和冰雹刺痛了他们的脸，他们迷失了方向，看不到山顶。与此同时，一根导索——一条商业链——从它钩环上断裂了，他们开始往下滑。也许这使他们错过了晋升机会，或者失去了一个大客户。现在他们自由落体，失去了控制，成了环境的受害者。就在他们从山上滑下去之前，他们发现了一个手掌大小的岩石裂缝，用手指紧紧抓住，他们终于在离悬崖几英尺的地方突然停了下来。心怦怦直跳，狂风怒吼，他们尝试着挪动身躯站立起来，突然发现脚踩着的地面滑了几英寸，原来那只是悬崖上覆盖着的一层松散的页岩。他们越挪动，页岩就越往下滑。现在，他们确信，哪怕是最轻微的挪动也会害得他们滑到悬崖边上去。所以，他们屏住呼吸，一动不动。

经验使一些人相信维持现状比改变现状更安全，或者他们现在的状态就已经是最好的。他们安于现状，坚决不后退，但又不敢向上攀登。这种思维体系并不总是出现在行为偏好心理测量学中。这本书中揭示的目标信念和旅行动力强调了这样一个信息，即因为我们相信，所以我们很可能会行动。

信念塑造意识，意识塑造雄心，雄心产生动力，动力塑造态度，态度影响行为，行为鼓励学习，学习改变技能，技能推动行动，行动决定结果。

让我们把销售人员的表现比作赛车的车身。我们看到了它的形状、风格和颜色，看到它已经组装完成、准备上路。一个人的教育和技能可以比作油箱里的油：油越多，走得越远。他们的需求、雄心和渴望可能被比作火花塞——点燃燃料，产生爆炸，驱动车轮。在这个类比中，一个人的信念体系放在哪里最合适？他们在司机的脚下：油门和刹车。如果一个人牢牢坚守开车时一直踩着刹车的信念，那么即使再准确的心理测量也于事无补。

因此，你可以根据所有合理的指标来分析销售人员，并得出他们应该是成功的结论。他们在做心理测量的时候给人一种会成功的印象；他们参加了所有合适的培训课程；他们的客户关系管理流程很系统很到位，还带有自动提醒和社会营销功能；他们一直有稳定的客户源；他们的销售经理每月认认真真地给他们做三个小时的技能培训；他们的团队为机会评估做出了有意义的贡献，这些评估旨在帮助他们赢得正在进行中的最大交易；他们的佣金计划和其他奖励是激励人心的；他们会像预期的那样行动和交谈，做的大多数事情都达到了高绩效销售人员的标准。然而，在内心深处，他们总是犹豫不决。尽管有各种系统和支持，但如果你内心总是在嘲讽自己——"我只能控制这么多"，那你仍然会失败。

在上一章关于实现力的内容中，你会记得我们探讨了欲望心理和恐惧心理这两种旅行动力。我们在每一个习惯之间寻找关联因素，检查这一章中受害者心理和英雄心理的控制力旅行动力与前一章中实现力的旅行动力的匹配程度。不出所料，我们发现持有恐惧这种旅行动力的销售人员百分百都持有受害者心理这种旅行动力。

低绩效者最害怕什么？是任何打破他们认知错觉的事情——他们认为自己是受环境限制的高绩效者。面对真实的自己对他们来说太需要勇气、太具杀伤力、太过残忍了。销售效率专家尼古拉斯·A. C. 瑞德认为这种心理不仅体现在业务上，他说："比如在学校考试没考好，那么这种心理的人就会责怪老师不行。输掉一场体育比赛，就会指责设备不够好。哪天过得不顺遂，就要责怪星象。"

这种失败主义的受害者心理，在低绩效者身上表现得很明显，我们在旅行动力 2 中找到了治疗方法，下面将对此进行研究。

旅行动力 2："我最终要对自己的命运负责。"（英雄心理）

在我们的面试问题中，有一个关键问题是："为了确定进一步的成功，你会做出哪些改变？"答案是显而易见的。大多数低绩效者的回答可以总结为："不是很多。我已经很棒了。"大多数高绩效者回答说："所有事情！我每天都在纠正自己的小错误。"高绩效者的回答与两千多年前孔夫子的观点不谋而合："自知者明。"[23] 说的就是自我意识和自我实现。

相应地，100% 的高绩效销售人员持有英雄心理："我最终要对自己的命运负责。"当谈到他们的控制力方法时，这种情绪更加强烈。我们在回顾之前关于实现的章节时，发现上述销售人员也百分百持有欲望心理旅行动力，也就是"我想做得比想象中的更好。"

这一组的人意识到，当你在自我控制的道路上攀登时，能量会耗尽，需要其他东西来取代。他们通过积极地与他人互动，积极地对周围的事情做出回应，从而产生积极的诸如希望的情绪，并且想出计策。在查看这组人的采访记录时，我们发现了一种行为模式，可以归纳为以下三点：

1. 专注于他们想要控制或掌握的东西；

2. 通过积极影响结果来影响他们所处的环境和具体情况的改变；

3. 改进思维模式和行为，为未来的成功做好准备。

从本质上讲，高绩效者力求改变世界，也做好了被世界改变的准备。

艾丽斯·舍恩梅克尔说她用一双粉色高跟鞋改变了世界。"有时你会发现自己处于这样一种境地：你几乎没有时间去实现效果最大化。我在负责思科的渠道变更管理项目的时候就遇到了这种情况。当时我们正努力地在做一个巨大的改变，这个改变似乎进展很好，但是公司内的销售团队对于这个将要在他们的工作流程中实施的转变持抵制态度。这将对整个项目的成功与否产生重大影响。虽然在渠道这条线上我是很有名的，但这是一个全球性的业务，所以大多数内部销售人员还不认可我，这是可以理解的。我第一次给一个销售团队做展示时，他们似乎根本就不愿意听我讲话，毕竟我扮演着一个改变他们现有工作流程的角色。由于项目已经全面展开，我要同时负责欧洲、非洲和中东的许多国家，所以我只能在每个国家停留几天——要想在当地的销售团队建立起信任和号召力这点时间不够。怎么解决这个问题呢？太难了。要在一夜之间建立威名，挑战陈规老套、跨越文化障碍，还要独特到能号召大家打开创新思维，我在一次疯狂购物的时候突然想到了一点。我喜欢穿各式各样的鞋，我的灵感是把这一点变成我的职业优势。"

她说："我千辛万苦地买来一双最耀眼的粉色鞋子。在那之后，每到一个国家，人们就会看到一个高个子女人，一身商务套装却穿着荧光粉的高跟鞋。这立即营造了一种幽默的气氛。人们先是看到我敢于嘲笑自己，没过多久需要跟我打交道的人就发现，在这个仍由男性主导技术行业的世界里我风格迥异，不落俗套。我原先受到的质疑和攻击现在完全消失了。当然，我也牢牢保住了自己在销售业务、销售流程和预期成果方面的信誉。当我们的销售团队开始意识到我很清楚自己在说什么，并且我也愿意倾听他们的看法的时候，我的粉红鞋就起作用了。我开始收到他们的信息，他们期待我再次来临，并且向我咨询公司在对现有的销售流程进行变革时他们能从哪些方面提供帮助，从而使变革早日完成。我从那次销售中学到了宝贵的一课，虽然主要是集中于内部流程，但这些团队仍然会与客户打交道。你正处于销售过程中的哪个环节其实并不重要。事实上，沟通技巧，再加上不管任务多艰巨都抱着成功的决心，这两者是成功的前提。"像艾丽斯这样的高绩效者会发展出一种成长思维——在销售过程中调整他们的选择和行为。具有成长心态的销售人员将任何挑战都视为机遇，并以积极的态度专注于必要的努力。虽然不在他们控制之下的外部因素有时会影响他们最终的成败，但他们很少花时间去思考那些不在掌控之中的事情，更多时候他们都在为影响结果做准备。通过这么做，他们创造了属于自己的幸运。

比尔 & 梅琳达·盖茨基金会（Bill & Melinda Gates Foundation）的首席执行官杰夫·雷克斯（Jeff Raikes）表示：成长心态是"缩小与成

功差距的关键"。有成长意识的销售人员对学习新事物充满热情，他们会加倍努力以超额完成销售任务。注重成长的销售人员认真维护他们的销售区域，就好像那块区域就是一个小公司，而他们是这家小公司的 CEO 一样，他们表现出了充分的参与度和责任感。

在我们采访时，葛兰素史克公司全球卓越销售部负责人科琳·舒勒告诉我们："当我开始在葛兰素史克公司做经理时，我被分配到某个最差的销售区，那个区域真的非常差劲。然而，18 个月后，它成了销量最高的地区之一。虽然我们计划了很久，并且工作非常艰苦，但我们完全扭转了局面。其实唯一真正改变的是我的团队的心态。他们学会了相信我们能赢，并且取得了比任何人预想的都要好的成绩。"

高效的销售人员总是在寻找新的方法来为他们的客户、团队和组织增值。他们扮演倡导者的角色，关注实际情况，提出尖锐的问题，并找到绩效的核心。这样，他们从困难中学习，提高自己的能力。这个过程中，一些行为表明他们属于控制力中持有英雄心理的人。

最常被观察到的行为
1. 令人信服 / 令人相信
2. 坚持不懈 / 不屈不挠
3. 自力更生 / 独立自主
4. 乐善 / 好施
5. 批判的思考者

高绩效者坚定地认为他们对自己的成功负有责任。他们以挑战为乐，视失败为跳板。这种成长心态认为任何人当前的品质都可以提高。他们认为：当你将足够的激情与训练、苦干、目标和时间结合在一起，你的潜力是无限的。有成长心态的人不仅不会因为失败而气馁，他们反而认为自己在这个过程中学到了经验。摩根大通的贾斯汀·斯通表示："当我和我的销售人员交谈时，我鼓励他们忘记自己受雇于一家公司，而是把自己想象成负责整个环节的个体经营者。如果他们是自己公司的CEO，对客户体验和所有结果负责，这对他们的心态有什么影响呢？他们给了我很好的反应，因为它有助于把心态转变成完全的责任感。他们把这当成自己的舞台，自己的命运。正是在这个时候，人们开始学习，然后取得成功。"

高绩效者认为他们身负为后世造福的使命。一位从2000年到2010年领导一个全球作战项目的高绩效者告诉我们："在这段时间里，我们从事的行业成了一个受监管的行业，在这种情况下运营给我们带来很多挑战。"他说："要确保这个项目从客户和监管机构两者的角度来看都是顺利的，这非常困难。"换作别人可能早就放弃了，但他坚持了下来：不是因为他个人对这个项目很满意，而是因为他可以预见这个项目将会为他的公司带来巨大的收益。"当我把东西交给继任者的那一天，我感到很自豪。"他笑着说——因为这是他最大的满足。2014年，耐克通过多伦多广告公司lg2制作了一段励志视频，名为《崛起与闪耀》（*Rise and Shine*）。这个视频迅速走红，现在有数百万的浏览量，它是拥有英雄心理的销售人员的信条。我们许多人都会面临这样的时刻：你的手还没拿到闹钟，你大脑里的声音就告诉你不想起床，因为太早、太黑、太冷了。你知道你想关掉闹钟，再偷睡几分钟，但是英雄心理开始起作用了。你内心的英雄战胜了你，于是你拖着疲惫的身躯来到街上，肌肉酸痛地表示抗议，你麻木地穿过一个又一个院子，向远方走去。这就是英雄的标志，是有控制力的人，是知道只有自己才能对自己命运负责的人。

英雄不是超人。正如耐克在他们的故事中所说，虽然英雄们"不容易被打败，但他们并不是不可战胜的"。有时候，内心的浮躁胜过早晨拥挤的马路上的噪音，他们也会疑惑，不知道这件事是否值得一搏。英雄也是在这种时刻诞生的。英雄们直面人生，不相信成功是天生的或者是靠运气得来的。耐克曾经优雅地阐释道："运气是相信成功会偶然发生的人的救命稻草，汗水则是相信成功靠自己努力的人的希望。"

随着监管日益严格，获取高绩效的压力大得几乎让人难以承受，但他选择坚持下来了，最后成了一名销售英雄。

哈丽雅特·泰勒，我们采访她时她还在甲骨文任职，她告诉我们："我每天要么在学习，要么在成单，或者两者兼而有之。"她也是一位销售英雄。

摩根大通的销售模范贾斯汀·斯通曾这样说："我读很多书，自己记笔记。如果我听有声书，我会一遍又一遍地听，看看这些想法如何为我所用。这是一种时间投资。我认为这相当重要。"贾斯汀是一个销售英雄。

阿迪达斯的菲尔·本顿如是说："我看重那些很好地完成了目标，但仍然很谦逊的销售员。他们对自己有很清楚的认识，也知道需要做哪些改变，他们追求成功的方法总是出人意料。他们是沉默的赢家，备受尊敬。"菲尔的团队都是销售英雄。

微软的迪利普·马伊巴加南补充道，高绩效者发现自己经常更接近马斯洛需求层次[24]的顶端，实现自我，然后可以顾及他人的需求。他是这么说："无论是帮助盲人协会的导盲犬照顾盲人，还是用感应器帮助儿童康复，或是用云服务帮助皇家马德里与它的 4.5 亿球迷建立联系，对我来说，实现自我就是用微软的技术建立一个帮助他人的可以长期使用的东西。没有一个人可以独自完成，这非常好。我不行，我的团队不行，而是在许多团队的通力合作下才实现了成功。"迪利普，他的团队，以及微软的其他许多人都是销售英雄。

这些小插曲意在说明，成功的销售人员是如何控制好自己从而也帮助他们的客户实现更多的自我控制的。销售人员对客户的意义越大，他们的客户对他们的意义就越大。这是一个良性循环。

———

下面是控制力目的地信念的评估表。找一个安静的地方，思考这些问题，写下你的回答。这样做会让你踏上使用销售习惯之路。在此之后，我们提供了更多关于控制力的见解，这些见解由我们为了研究而采访的来自世界各地的模范销售员提供。

我的控制力评估

1. 当事情没有按计划进行时，应该由谁负最终的责任？

2. 你需要别人表扬你吗？如果需要，你认为是出于什么原因呢？

我的控制力评估
3. 写下你的才能。你花了多长时间思考这个问题？
4. 你的榜样是谁？
5. 上次你走出自己的舒适区并实现了目标是在什么时候？你获得了什么新的才能？你对自己了解多少？

高绩效销售员关于控制力的更多见解

1. 从这项研究中我们发现，高绩效者相信他们本身拥有他们所需的所有资源，而且会自己创造运气。低绩效者在达到某个绩效水平后就安于现状了，不大可能跳出他们为自己设定的生活去挑战他们的命运。前者坚持对事情的结果承担全部的责任，而后者只会认为失败是环境所致，或者认为这就是命。如果你相信自己拥有成功所需的一切，或者足够精明，那么你就可以实现看似不可能的事情。一个好的开始是改变语言模式：

从：	改成：
我这个销售区域太差了，没人能在这里成功。	我有一个前所未有的机会脱颖而出。我将是第一个在这里取得成功的人。

2. 不管你的本能反应如何，都要承认错误。例如，想象一下，在一个销售推介会上，你请来的售前主题专家在顾客面前表现得很糟糕。他们毫无准备，呈现的东西杂乱无章。他们做的产品说明和已知的客户业务需求不搭边。而且他们只顾看自己的演讲稿，连客户向他们提问都没有注意到。结果，你失去了进入下一轮评估的机会，自然也丢了订单。那么，这该由你的同事负责吗？还是应该责怪自己在会议开始前没有先预览一遍他们的简报，给他们做个培训，进行一次会前排练呢？

3. 表现最好的人总是寻求反馈——好的、坏的和丑陋的——这样他们就能学习、发展、改变并变得更有效率。他们不是酷爱批评，但当批评来的时候，他们可以用正确的态度来对待。低绩效者厌恶负面反馈，并对环境导致不理想结果的原因早有预料。当他们不断地将矛头指向外部时，却没有意识到最该指责的人恰恰是自己。

4. 我们发现，低绩效者倾向于使用具体的战略投入，比如付出的努力、活动、时间和成本作为销售语言。高绩效者则倾向于使用战略产出，比如收入、利润、价值、份额和投资回报等。高绩效者还会对他们的客户表示出同理心。

5. 那些承担责任并专注于产出的人通常在分配时间上更加节省。他们在分配任务的时候很有针对性，更关注最有可能下单的人。他们不喜欢碰运气。这并不是说他们计划得很细，但是他们确实是有计划的，他们照着这个计划去执行、获得反馈并根据需要进行调整。

6. 确定你的责任范围，消除歧义。你不能对你控制之外的事情负责。另一方面，你必须让自己承担风险，以提升自己的能力，否则你就无法超越常规，实现非凡的价值。正如美国法律专家奥利弗·温德尔·霍姆斯（Oliver Wendell Holmes, Jr.）所写："人的心灵，一旦被一种新的想法拓展开，就永远不会缩回去了。"[25]所以，学习你必须做的事情，尝试控制局面，并做好拓展的准备，放手一搏。

你在想什么？

心理学家说……

归因理论（attribution theory）与我们对事件的解释有关。内部归因是个体行为的内部原因，它植根于人的性格、动机或信念。外部归因是指将行为的原因归结于个人控制之外的外部环境——例如经济环境。我们的研究表明，如果一个销售人员使用内部归因来解释成功和失败，他们会将问题揽为己有，并解决问题或者从中吸取教训。失败因此被视为是暂时性的，在未来的某个时刻他们再面对这个问题时就可以成功地控制它。这种积极的态度可以被销售领导们采纳并用来指导他们的销售人员，以提高销售人员在任何情形下的前瞻能力。

心理学家朱利安·B. 罗特(Julian B. Rotter)提出了控制点理论(locus of control)。对于销售人员、销售领导者和组织来说，这是一个强大的工具，可以用来考虑在任何给定的情况下，控制的力量该用在何处。把它想象成一个光谱，一端是内部控制（行为结果取决于他自己的行为或个性），另一端是外部控制（结果是偶然、运气或命运的作用，是在强大的他力控制下，或仅仅是不可预知的）。每个人都位于光谱上，位置也许会随着控制力的大小而变化。当你在一次培训中（比如销售目标没有完成或者是绩效谈话）谈到成功和失败时，与销售人员探讨这个光谱，了解他们在未来可以采取什么策略来控制和领导自己，进而领导更广泛的组织，并走向成功。

关于控制力的最后一句话

敲着命运的鼓

两个年轻的兄弟——博比和大卫，想成为音乐家。他们几乎每天都缠着父母说要去学习各种乐器。一天，他们的父亲送给博比一把新吉他，并宣布会送他去上吉他课。博比兴奋不已。

几周后是大卫的生日，他请求给他买一套鼓。生日这天，所有的礼物里只有一只鼓，孤零零的。这就是一只玩具鼓，不是真正的鼓，更不是一整套了。而博比练着他的闪闪发光的新吉他，已经开始上培训课了，他不止一次地对大卫表示同情。

但大卫不肯灰心。他日复一日地用那只鼓演奏。他合着立体音响里的音乐演奏，在他的父母和博比面前演奏。他开始在鼓壳和鼓皮上打鼓，创造新的节奏。

不久就到了假期，圣诞节到了。大卫下楼吃早饭，他从父母那里看到的第一件礼物是一套漂亮的乐器，里面有贝斯、响弦、铙钹和手鼓。他的母亲笑着对他说："你表现出了你想当鼓手的愿望。刚开始我们还不确定，但你表现出了自学的决心，所以我们必须把它们作为你的圣诞节礼物。"

多年来，博比一直都在弹吉他。至于大卫，他后来师从一些名鼓手，直到今天，他仍然是一名出色的鼓手。不知何故，我们对此一点也不意外。

目的地信念:

必须总有某人 / 某事对成功负责（控制力）

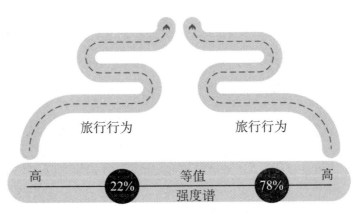

旅行行为　　　　　　　旅行行为

高　　　等值　　　高
22%　　强度谱　　78%

旅行动力 1　　　　　　　　　旅行动力 2
我能控制的只有这么　　　　　我最终要对自己的命
多（受害者心理）。　　　　　运负责（英雄心理）。

50%的受访者认为，他们对自己的销售、职业、生活或对他人的控制力有限。

100% 的受访者认为自己只能控制这么多的受访者，同时表现出对失败的强烈恐惧。

销售人员因获胜而获得奖励。虽然失败经常发生，但成功高于一切。这就是所谓的赌场心态。在一个熟悉的领域里，拥有这种旅行动力的销售人员会感到强大——甚至是幸运——但在新领域却往往无能为力。你有没有想过为什么最成功的销售人员是最幸运的？事实上，他们并不幸运；他们只是学会了把成功和失败归因于自己。高绩效者掌握自己的命运，把失败看作是暂时走了弯路，而不是命中注定——这是下次要学习和应用的东西。生活中，他们有时是胜利者，有时是学习者（失败时），而且为了不断成功，他们必须不断学习！

你是否允许自己以这种方式接受失败？

100% 认为自己该对所发生的事情负有最终责任的受访者都是高绩效者。

50% 的受访者表现出强烈的内部控制力。

100% 有很强内部控制力的受访者都是高绩效者。

The Salesperson's Secret Code

Chapter

4

复原力：
正确管理压力，用最佳状态进行销售

目的地信念：

人生必然会面临挑战和逆境（复原力）

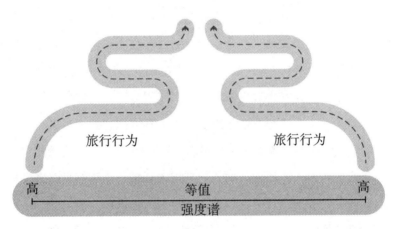

旅行动力 1

面对挑战，我加倍努
力，并取得成功（努
力地工作心理）。

旅行动力 2

我从逆境中找到新的、
有创意的方法来实现目
标（聪明地工作心理）。

　　复原力是指你如何承受工作和生活事件的影响（包括逆境），以
及重新振作的能力。我们在工作中消耗能量，消耗的能量需要时间来
更新、恢复，然后重获。我们的健康和恢复就是建立在能量的消耗和
重获的平衡上的。当精神压力——通常来源于我们对自己关心的事物

的需求或者外部压力——出现时，复原力帮助我们从它造成的伤害中恢复。管理压力意味着承认它正在发生，并迎接治疗和更新压力的复原力的到来，从而重获能量储备。

精神压力是世界上被妖魔化和误解得最严重的概念之一。人们总是试图避开它。但实际上，压力对成长至关重要。一些压力在适当的情况下能起到一系列的积极作用。"压力给了你应对挑战所需的能量"[凯莉·麦戈尼格尔（Kelly McGonigal），《压力的好处》（*The Upside of Stress*）]。想象一下，你将要面对一个挑战，同时，你的交感神经系统积极活动了起来。身体获得了由肝脏中的脂肪和糖转化而来的额外的能量；心跳也开始加速，以确保所有的营养物质和深呼吸获得的额外氧气派上用场。肾上腺素、皮质醇、内啡肽和多巴胺一起被注入血液。正如心理学家、作家麦戈尼格尔所言，"压力可以创造出一种注意力集中的状态……"这种连带作用是一些人喜欢压力的原因之一——它带来了一点兴奋的情绪。研究还表明，压力促使我们变得更善于交际，因为后叶催产素——一种帮助我们与他人联系，让我们表现出更多同理心，能更有效地倾听的荷尔蒙——是由腺垂体释放出来的。这产生了一种照料和结盟反应，与我们都听说过的逃跑或战斗反应完全不同。这就更有趣了，因为后叶催产素被证明可以抑制大脑中的恐惧反应，它实际上让我们更勇敢。[26]

如果压力实际上对我们是有好处的，那么问题的罪魁祸首往往不是过度的压力，而是我们没有完全康复。压力刺激我们成长，成长和恢复发生在康复期。如果人们对于康复过程没有引起足够重视的话，他们就无法满足每天面对的能量要求。情绪恢复不完全会导致消极、情绪波动和易怒；精神恢复不完全会导致注意力不集中、行事草率、想法错误；精神疲劳如果没有通过恢复来平衡，那么你极有可能会打开一扇与你的核心价值观相冲突的门。

如果你摔断了胳膊或腿，就必须有一个恢复的过程来修复伤口，如此才能恢复如初甚至比之前还要强壮。同样，情感也需要一个恢复过程，包括我们的身体、情绪、认知、目的意识（诸如"这到底是什么意思？""为什么我在这里？"），复原力可以为康复加速。你的复原力越强，你就能更快地从打击中走出来。关键是压力和修复需要交替进行。

为了驾驭好我们面临的新世界，复原力也许是最重要的基石之一，因为轰炸我们，让我们难以立足的事情会不断涌现。当我们向 190 家公司的 358 名管理者问及"影响他们公司绩效的最大的障碍是什么"时，约 75% 的人提出是不断增大的工作场地需求；约 62% 的人表示，最大的障碍是过去 12 个月里不断累积的身心俱疲；57% 的人表示士气大幅下降；38% 的人表示，员工在工作中越来越心不在焉。[27]

当员工被问及"工作需求增加的影响"时，63% 的员工表示会更恼怒、压力更大；56% 的员工表示锻炼的时间变少，这就容易导致久坐、肥胖，还容易引发相关疾病；69% 的人表示他们理想的工作与生活平衡被严重破坏；最关键的是，78% 的人担心自己现在就应接不暇，根本无法应对额外的挑战、挫折和难题。

让我们重述一下上次的统计数据，因为它很重要：现今有近 80% 的员工感到筋疲力尽！这可能会导致旷工（病假、精神健康假等）和出勤主义（指员工虽然来上班，但是无法专心工作）的增加。

米尔肯研究所（Milken Institute）最近的一项研究估计，由于工作日的减少和生产率的降低，企业每年损失超过 1.3 万亿美元。其中，生产力降低的成本为每年 11 亿美元，而每年在疾病医疗上的花费为 27 亿美元。[28]

随着锻炼减少和不良饮食（例如快餐、时尚饮食和能量饮料）习惯的增加，我们看到诸如糖尿病、癌症、肥胖和心血管病等慢性疾病的出现，增加了商业风险。医学专家认为，人们只要稍稍改变自己的行为和信念，获得更好的复原力，那么70%的治疗费用是完全可以避免的。[29]

法国皇帝拿破仑·波拿巴曾说过："军人的第一美德是忍受疲劳，勇气次之。"[30]他说的就是复原力。在战斗中身体疲劳会侵蚀认知、情感和精神，因此是高绩效的主要敌人。军方用于提高复原力的许多训练也适用于企业界。

斯旺克（Swank）和马钱德（Marchand）医生研究了二战中战争对心理的影响，他们发现，连续60天无间断的战斗之后，98%的步兵很可能成为精神病人。[31]最近，在中东热点地区的多次军事部署强调了复原力对预防创伤后应激障碍尤为重要。军方已经意识到，在重新调遣士兵之前，在每个应力循环间期给予适当的恢复时间是有价值的。压力带来的创伤越严重，休息和恢复的时间就越关键。恢复阶段情绪和身体重新稳定，并产生复原力。

在健身房里锻炼也一样。肌肉不是在你举重的时候长出的，而是在你之后的休息中。适用于身体的东西同样适用于心灵。以下是《健美》（Bodybuilder）杂志的描述："不仅每一块锻炼过的肌肉需要休息，即特殊部位的休息，而且整个身体都需要休息，即全身的休息。如果不重视整个身体的休息，过多的压力不断累积，逐渐导致身体进入锻炼过度的状态。不休息会降低、影响身体的恢复能力；所以，让整个身体都得到休息十分重要，如此一来它才可以注入新的能量和活力，使压力消散。身体（和大脑）就是通过这样的方式保持强壮、健康，并持续成长的。"[32]

你可能不会服兵役或去健身房锻炼，但是作为一名销售人员，基础培训、参加活动和出差是经常的。当你经历着持久的能量消耗却没有得到休息，身体刚开始可以承受，但最终会发出它必须得到恢复的信号。这种反应被称为副交感神经反应，通常表现为极度消沉、疲惫不堪、极度困乏和心神不定。如果你每天早晚都因为销售工作而疲惫不堪，那么你就没有给自己足够的恢复时间，而且很可能缺乏复原力。好消息是你有能力改变这一切。

军事首脑们知道，战场上最大的危险之一是在一场持久战之后，士兵们没有时间恢复自身在战争中消耗的精力。如果在那时被突然袭击，士兵们通常会身心俱损，整个部队都会变得不堪一击。

持续的能量消耗最终会耗尽身体产生能量的能力，从而导致身心的长期疲惫。人体产生的能量储备会消耗殆尽，并且补充能量的时间比在耗尽之前就补充要长很多。最终结果是：被迫停工。

这是以生存为基础的，是一种为了维持生命而被迫恢复的形式。其中一种表现方式就是人们不自觉地进入深度睡眠，尽管他们需要保持清醒。你是否曾在深夜使用笔记本电脑时突然惊醒？或者在下午？造成这种衰弱性疲劳的原因是缺乏能量恢复期或者是恢复期过短。

建立复原力的关键是将战略恢复融入你的生活。对于那些没有受过复原力培训的企业来说，为了恢复而休息的观点可能是难以被接受的。休息可能被认为是软弱的表现。"懦夫才休息"的态度在坚持强硬战术的销售管理者当中尤为盛行。然而，毫无疑问，如果要建立和维持复原力，压力周期必须与复苏周期相平衡。

有远见的公司开始明白这一点。例如，总部位于北卡罗来纳州的SAS是全球最大的私营软件公司，在全球雇用了超过1.4万人。该公司的首席执行官吉姆·古德奈特（Jim Goodnight）是一位逆向思维的领导者，他既给员工挑战，也鼓励员工休息以恢复精力。SAS实行弹性工作制，让员工有时间照顾家庭、健康饮食，以保持高度的注意力、健康的身体和良好的心情来完成工作任务。[33]

SAS 慷慨地提供医疗、儿童保育、教育和其他机制，以维持其人力资本，这是多数首席财务官望而却步的，但其结果不言自明。目前，SAS 已连续 40 年实现两位数的销售增长，客户保有率超过 90%，员工流失率在行业中最低。该公司一直跻身全球十大最佳工作场所之列。[34]

这样的结果说明了身体对复原力的需求与公司业务息息相关。大多数组织雇佣员工是为了他们大脑里的"软件"：他们的聪颖、智慧和天赋。然而，如果"机器"电源未接通，电池也没有正常蓄电，那么这个软件就会处于休眠状态。

阿迪达斯的菲尔·本顿认为，没有复原力是不可能成功的。他告诉我们："我一路经历了许多坎坷，从中学到了很多并产生了复原力。因为它，我成了一个更好的销售经理。"

我们在研究中采访过的每一位销售人员都认为，挑战和逆境，是在所难免的。正如前两章所详细描述的那样，支持这种目的地信念的有两种旅行动力。

"面对挑战，我加倍努力，并取得成功"是第一个旅行动力，也就是努力地工作。

"我从逆境中找到新的、有创意的方法来实现目标"是第二个旅行动力，意味着逆境促进问题的解决，逆境会鼓励解决问题，也就是聪明地工作。

我们发现，每一个高绩效的销售人员都认为聪明地工作比努力地工作更重要。

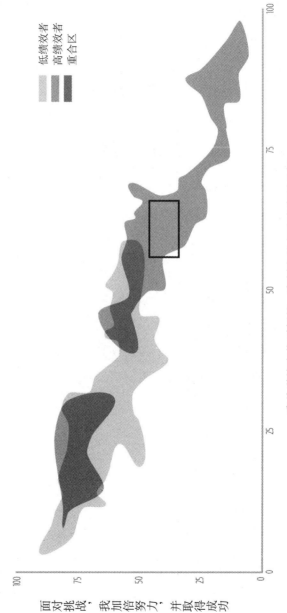

目的地的信念：人生必然会面临挑战和逆境（复原力）

图例：
- 低绩效者
- 高绩效者
- 重合区

纵轴（从上到下）：面对挑战，我加倍努力，并取得成功
纵轴刻度：100 75 50 25 0

横轴：我从逆境中找到新的、有创意的方法来实现目标
横轴刻度：0 25 50 75 100

图 4　复原力旅行动力分布图

083

我们的研究发现，复原力的最佳位置是 59% 的聪明工作和 41% 的努力工作。在分析最优秀的人员（接受采访的 5% 的高绩效销售人员）时，我们注意到一个集群，由图 4 中的矩形标识。它证实了顶级销售人员确实同时拥有两种旅行动力，但他们使用聪明工作心理的频次是其他销售人员的两倍多。接下来，让我们更详细地探讨这两种旅行动力。

旅行动力 1："面对挑战，我加倍努力，并取得成功。"（努力地工作心理）

汽车制造商的先驱亨利·福特（Henry Ford）曾经说过："当一切似乎都对你不利时，永远不要忘记飞机是逆风起飞的，而不是顺风。"[35] 销售也如此。成功来自于克服逆境和被拒。有时，轻度的消极情绪可能很难应对，但优秀的销售人员不仅能应对，他们还能从中受益。但这并不意味着他们会更加努力工作。

在我们的研究中，91% 的低绩效者认为他们必须更加努力才能赢得交易。他们坚持这样一个观点，即如果他们不断投入工作时间就会想出解决办法，哪怕这个办法见效很慢。他们继续前进，做着同样的事情，希望情况会改变，上天会眷顾，答案会出现。我们不要学习这种所谓的智慧。

一种说法是"当我面临挑战时，我会火力全开，深度探究，用我的内心信念去战胜它。"另一种说法是："回报是给那些努力工作的人的。"其他谚语包括："你必须最早到办公室，并且午夜过后，你的竞争对手早已熟睡，而你仍然埋头苦干，最后一个离开。"我们很可能从电影《华尔街》（*Wall Street*）中的戈登·盖柯（Gordon Gekko）的话里找到共鸣，电影中他讽刺道："在哪里发家，又在哪里跌倒，但仍然奋力前行……若你需要朋友，就去养条狗吧。"[36]

相比之下，只有 14% 的高绩效销售人员有类似的信念。

我们觉得勤奋工作听起来根本不像是低绩效者的准则。因为勤奋工作给人的感觉是他们士气满满，必然会取得成功。但是结果却截然相反：热衷于努力工作，是因为他们实际上没有掌控局面。这就相当于向目标投掷飞镖就希望能抓住猎物一样，其实能否抓住有很大的不确定性。

挑灯夜战至凌晨其实意味着你没有合理安排你的工作时间，对此的惩罚便是你的个人时间或者与家人共度的时光被剥夺，这可能会扰乱你工作以外的生活。虽然勤奋工作这种行为就像是精力充沛地值夜，是对公司的绝对忠诚，但这更是自我管理不善的体现。

记住，重复工作做得多并不能解决问题。如果能解决问题，那么亨利·福特就会创造出更快的马，而不是汽车。所以，当你发现你工作越来越努力却仍然不能解决难题时，就不足为奇了。

你也许听说过阿瑟·米勒（Arthur Miller）1949 年的剧作《推销员之死》（*Death of a Salesman*），这部剧获得了多项托尼奖和普利策奖，被公认为 20 世纪最伟大的戏剧之一。[37] 剧本描绘了本本分分的销售员——威利·洛曼（Willy Loman）在一次商务旅行被取消后筋疲力尽，他回忆起人生路上的各种抉择——工作的、生活的，正是这些抉择使他走上了人财两空的道路。这个故事很典型，有的人只想着努力地工作，而不是聪明地工作，最终油尽灯枯，一事无成。

如果你对逆境的反应是更努力、更长时间地工作，而不是更聪明地工作，某些行为就会表现出来。努力工作的动力越强烈，这些行为就越夸张。让我们来看一下那些坚持努力工作的人的行为特征。

最常被观察到的行为
1. 坚持不懈 / 不顾一切
2. 直言不讳 / 畅所欲言
3. 意志坚强 / 有说服力
4. 勇敢 / 无所畏惧
5. 顽固 / 不为所动

请记住，与我们研究中高绩效者的行为相比，这些行为本身会导致较低的销售业绩。另一种选择是聪明地工作。

最成功的人工作也很努力，但他们努力的方式更加聪明。他们一边保持着同样的坚持和动力，一边思考不同的办事方法。只努力工作不去思考如何更聪明地工作，这是一个人们很容易在不知不觉中养成的习惯。

已故的史蒂芬·柯维（Stephen Covey）著有《高效能人士的七个习惯》（*Seven Habits of Highly Effective People*，自由出版社，Free Press，2004 年）一书，他讲述了一个樵夫的故事。这个樵夫的锯因为用得时间长了，变得越来越钝，他要砍伐的树还有很多，因此他不想停下来花时间去磨他的锯。但是，如果他停下来，去将锯磨得锋利些，再返回来用锋利的锯砍树，他就能节约很多时间、节省很多力气。柯维写道："磨快锯子意味着维持和增强你拥有的最大资产——你自己，意味着你在生活的四个方面——身体上、社交 / 情感上、心理上和精神上——拥有一个平衡的自我更新计划。"

旅行动力 2："我从逆境中找到新的、有创意的方法来实现目标。"（聪明地工作心理）

为什么有些销售人员在逆境中怒放，而其他人却在逆境中枯萎了呢？高绩效者一个显著的不同之处在于，他们从逆境中找到新的有创意的方法来实现目标。

我们发现 86% 的高绩效销售人员都属于这一类。

吉姆·勒尔（Jim Loehr）博士是一位世界著名的网球职业运动员，后来成了体育绩效心理学家，也是佛罗里达人类绩效研究所的联合创始人。在 20 世纪 80 年代，他研究了世界顶尖的网球选手，想找出冠军选手与亚军选手的区别。他的研究与众不同的地方在于，他专注于传统上被忽视的方面：一场比赛中 70% 的非上场时间。

他开始相信，球员利用非上场时间的方式是区分冠军和失败者的关键。他通过观看数百小时的顶级球员录像得出了这个结论，在录像中，他几乎没有看到竞争对手在比赛时的差别。然而，在失分之时，顶级球员能够保持并且一直保持一些习惯，而其他球员没有做到这一点。

第一个习惯是，在打完一局后，输掉的球员将立即再次挥拍，用正确的能赢的方式击球。他们调整自己身心的节奏，仿佛自己是赢球的一方，并将这种想法用在下一回合上。这样，他们之前的自我形象不是失败，而是成功。

第二个习惯是，当球员走到后场的时候，他们的头高高挺起，背部挺直，散发出能量和自信（不管他们是否感觉到）。他们知道每一个消极的反应都会比积极的反应消耗更多的能量。成功者不会浪费一丁点精力。

第三个习惯是，恢复身心，这发生在球员走到底线或者休息椅的时候。在这里，他们进行一次短时间的冥想，深呼吸、收缩和放松肌肉以保持身体舒展，并保持他们的注意力集中在他们的网拍弦上以减少视觉分散。他们的目标是放松自己，让身心得到恢复。

第四个习惯是，让意识思维发挥作用，这是唯一一个比赛中的习惯。这时候他们回到底线，摆出自信的姿势，给自己打气。

最后，第五个习惯，想象自己将球打到一个特定的目标，或想象自己以独特的方式破坏对手的发球。这时他们会重复一组不变的动作（如重复地拍球或旋转网拍）保持他们的大脑在最佳状态。[38]

"在我所见过的所有运动员中，八届大满贯冠军安德烈·阿加西（Andre Agassi）对中场时间的管理是最棒的"，勒尔说，"如果你回放录像就会发现，不管他是命中了一个制胜球还是连续丢了三个球……老实说，你从他身上根本看不出什么变化。他会 100% 按照自己的计划行事：走路的方式，眼睛的运动，绝对是最棒的。"[39]

下次你在观看温布尔登网球锦标赛（Wimbledon）时，一定要感谢勒尔（他的研究让网球选手们得以改进，表现更佳），因为选手发球的命中率越来越高了，你会为此越来越观兴高涨且欢呼不已。勒尔注意到最好的球员在击球时，会有节奏地深深地呼气。他们采用一种恢复的方式，让自己放松，释放紧张情绪，放松肌肉，以提高复原力。实力较弱的运动员往往会屏住呼吸并储存压力，这最终会使身体疲劳。

勒尔的研究的核心观点是：你的想法决定了你的感受，这些情绪会对身体产生影响。心理影响生理。这个循环是自我强化的：焦虑上升，导致表现不佳，表现不佳引起更多的焦虑。如果你想法很消极，就根本不可能做到最好。然而，拥有更强复原力的人会塑造积极的情绪，恢复得更快，因此更经常获胜。

在每次访谈记录中，以及坚持聪明地工作旅行动力的人的行为模式中，哪些行为特征是一致的？

最常被观察到的行为
1. 富有表现力
2. 果断 / 坚定
3. 平和 / 冷静
4. 不安分 / 多动
5. 意志坚强 / 有说服力

更多时候，那些从逆境中找到新的、有创意的方法来实现目标的销售人员更成功。他们抱着这样一种态度，即每一个难题都是一次表现自己的机会。

大多数高绩效的销售人员都持有这一观点，包括阿迪达斯的菲尔·本顿，他认为，只要有足够的创意，每一个问题都能找到解决方案。2012 年，菲尔面临着一个巨大的挑战，他的任务是在伦敦奥运会上完成公司作为伦敦奥运会赞助商的工作，同时还要管理他的销售团队。由于资源有限，要完成的任务又太多，几个后勤方面的难题很快便暴露了出来。

他回忆说："我们几乎没有时间，也没有什么资源。与理想状态相差甚远。因此，我鼓励员工们为每个挑战想出三种解决办法，并讨论哪一种办法是最不坏的选择。在采取每一项行动之后，我们进行行动后结果评估，看看哪里出了问题，但更关注哪里做得比较好——这样我们就可以在接下来的工作中重复成功的地方。"

在时间有限的情况下，接受最不坏的选择意味着人们不会执着于追求完美。通过巧妙地将"成功评估"一词替换为"行动后评估"，这种表述将人们的注意力集中在行动上。正如小乔治·史密斯·巴顿（George S. Patton Jr.）将军在第二次世界大战期间指挥美国第七军团在欧洲作战时所说："一个能立刻执行的好计划，远胜于一个在下周才能执行的完美计划。"[40]

德勤前副董事长路易斯·乔丹提出，当其他人将挑战当成威胁时，自己要将挑战视为机会。他告诉我们："过去的传统行业正在发生重大变化。尽管这些变化可能会带来破坏性和分裂性，但它们的确代表着提供建议的机会，因为存在很多不确定性。当有不确定性的时候，就会有很多问题。也许有些个人或者企业会感到很困扰，但我认为这是一个很好的机会，可以拉近与客户的距离，帮助他们度过不确定的时期。如果你能回答他们的问题，你就处于非常有利的地位。所以，当你的市场或行业发生变化时，记住这是一个很好的机会，你可以为他们提供建议和指导。当然，你可能会被拒绝，但你仍然建立起了未来咨询师的声誉。"

我们的研究表明，电话销售人员被拒绝的次数比任何其他销售角色都多。平均来说，他们每班要给 100 人打电话，一个月下来要联系 2000 人。其中能与 14%（280 人）的人产生"有意义的对话"，这 280 人里面有一部分是目标消费者，还有一部分会向你推荐真正需要产品的人。这 280 人里大约有 3.5%，也就是 10 个人被认为是有可能下单的，到这一步，一般的真正成单率是 30%，也就是每个月有 3 个人真正下单。每个月从头至尾，电话销售人员面临着 99.9985% 的失败率。[41] 这需要高水平的复原力。

强生（Johnson & Johnson）卫生健康解决方案部门的心理学家提出了四个提高个人复原力的建议：

1. 利用压力发挥优势

"压力有好几种类型，并不是所有的压力都是有害的。"拉菲拉（Raphaela F. O'Day）博士解释道。他是强生卫生健康解决方案部门负责战略卫生内容、行为科学方面的高级经理。"我们相信，这是一个很好的机会，可以帮助人们识别他们生活中的不同压力，重新定义他们对压力的看法和采取的行动。"

那么，你到底该怎么做呢？要调整你的思维，把压力看作一种促进成长的工具，而不是阻碍。正如路易斯·乔丹所说："在各种艰难的销售环境中工作，会给你带来你所需要的复原力。你获得了同等对待成功和失败的能力——把任何失败都当作学习的探索。今天你可能赢不了，但不赢并不意味着就会输。胜利没有固定套路，你可能需要重新去构建，重新去争取，但这也是乐趣所在。我得到的最好建议之一是来自一位前任老板。当时我们处在做错了选择，然后事情进展不顺利的情况下，他说，有时候该转弯的时候就要转弯，就当是学习经验，然后继续前行。"

细想一下那些使你倍感紧张的工作场景，你是否讨厌对你的上司说"不"？是否讨厌给同事消极的反馈？与其逃避这类工作或者将任务转给他人，不如主动接受挑战。

一开始你可能会觉得比较棘手，但在实践中你会提高自己应对这种情景的能力，并在这个过程中获得适用于任何工作场合的技能。

2. 优先安排恢复时间

假设你在过去的三个月里每周工作 80 个小时。不必说，这种紧张的日程安排会导致过度的压力和疲劳。然而，大多数努力进取的人并没有给自己时间，或者允许自己偶尔去真正休息一下。强生公司绩效教练珍妮弗·李（Jennifer Lea）表示："休养是一种软弱的表现。每个人都充满压力，但每个人都必须努力工作。"

更有甚者，大多数人听到"休养"这个词时，他们往往会想到消极的追求，比如在沙滩上散步，或者花一个下午疯狂追剧（想想就充满罪恶感）——这些活动对那些恨不得一天工作 24 小时的工作狂来说毫无吸引力。

但低强度的活动并不是重新振作和恢复活力的唯一方法。剧烈运动——无论是轻快地慢跑还是骑动感单车——也可以帮助你重新唤醒和调整疲惫的大脑。最重要的是，李说，不管最适合你的是什么，"为了帮助我们度过压力期，我们应该经常去做这些运动。"

3. 区分持续的压力和偶尔的压力

压力源有许多阴险的面孔和形式。想想你生活中最大的压力源是什么。是长期的日常烦扰，比如每晚都不吃饭的挑食的孩子，还是经常掉链子的同事？或者是一件有时间限制的事情，比如一场婚礼策划、一个重要的工作报告？

一旦你确定了你所面临的压力类型，你就能更好地管理、减少或克服它。"能战略性地恢复压力会让我们逐步成长，从而在面对挑战时更有复原力。"李解释说。

也就是说：根据你目前面临的压力调整你的恢复时间。如果压力持续存在，那么一定要在日历上安排大量的定期和反复的恢复时间。但如果你知道他们会在某一时刻结束，那就把注意力集中在奖励上，并计划在结束时用一个恢复期作为奖励。你好，假期！

4. 重新定义你对失败的看法

就像压力一样，在人生的某个时刻失败不仅是正常的，也是不可避免的。所以，下次你在工作中犯错的时候，不要把它看成是你性格上的缺陷，或者能力不足的标志。把它看作从错误中吸取教训的机会。

例如，如果你错过了一个重要的截止日期，那就想一想如何更好地管理你的时间，以便及时完成下一个。或者，如果你错过了一次会议，那就想一想要设置什么样的日历提醒才能避免这种情况发生。

换句话说，与其责备自己，不如专注于从失败中迅速恢复，以及如何在未来做出更好的决定来帮助你避免失败。李说："这是复原力的（正确）衡量标准。"[42]

事实是，没有人是完美的，我们往往对自己做出非常不客观的评价。对一些人来说，这可能很难，但是如果你有勇气去联系他人并向他们寻求帮助，奇迹就会出现。正如那句古老的谚语所说："与人分享，问题会减半。"我们中有多少人可以照照镜子，如实地说，镜子里的我们有这么大的勇气会经常那么做吗？

—

下面是复原力目的地信念的评估表。找一个安静的地方，思考这些问题，写下你的回答。这样做会让你踏上使用销售员习惯之路。在此之后，我们提供了更多关于复原力的见解，这些见解由我们为了研究而采访的来自世界各地的模范销售员提供。

1. 你是"咬紧牙关",还是乐观地迎接生活的挑战?你自己是如何将两者平衡的?你能举出什么例子?

2. 在经济好的时候,你如何不断地发展你的人际脉络?这样当问题出现的时候,你会有一个现成的后援团队。

3. 你会把逆境看作是"逆势而行"或"谨慎行事"的时刻吗?

4. 面对挑战和逆境时,你的情绪如何?这可能会告诉你什么?

高绩效销售员关于复原力的更多见解

1. 我们大多数人都有在脑海中自言自语的经历。这是一种心理学家称之为"内在言语"的现象。人们听到话语(通常用自己的口音),或者看到图像形式出现的想法、完整的感情,因人而异。我们的内在言语可以鼓舞我们,也可以责备我们。高绩效者保持乐观的言语。如果它发出批评的声音,他们会决定它是否具有建设性和合理性。如果是这样,他们就会倾听和学习。如果这听起来更像是恐惧的和抑制性的信念,他们会重构对话,如下:

限制的信念	驱动的行为	重构后的信念	驱动的行为
这次推销电话将会很困难。	• 谨慎的 • 防守的 • 悲观的	这次销售电话是我脱颖而出的机会。	• 有创意的 • 乐观的 • 勇敢的
今天的会议会很无聊。	• 疲惫的 • 悲观的 • 梦幻的	今天的会议是推动我前进的关键。	• 精力充沛的 • 热情的 • 有远见的
我赢不了这笔交易。	• 低落的 • 可怕的 • 放弃的	我知道如何到达终点线。	• 兴奋的 • 急切的 • 挑战的

图 5　重构内心的对话

2. 从你的最佳状态中汲取力量。记住一个非常好的销售场景。想象一下当时你的行为、话语和感觉。回想一下你是如何在逻辑上和情感上做好准备的。尊重你取得好成绩的能力。如果你以前可以做到，肯定可以再次做到，甚至每次都能做到，包括今天。如果你是一个新手，记住你只是换了一个环境来做非凡的工作。把它当作蜡烛来珍藏吧，当你迷失在黑夜中时，它能为你点亮前方的路。

3. 通过使你的身体健康和情绪健康达到平衡来建立更强的复原力。

a. 你的身体：吃、睡、锻炼计划、工作 / 生活平衡、休息和恢复。

b. 你的认知：你是如何不断学习和利用你的经历？你如何建立与周围世界的关系？

c. 你的情绪：了解是什么触发了你的消极情绪——打破这种模式，重塑情绪。你如何识别自己独特的才能，并将其引导到积极的幸福状态。

d. 目的头脑：了解自己的价值观、道德准则和人生目标，利用仪式来达到平衡。

4. 在充满变数和挑战的时代，想想这个公理："问题共享使问题减半"。将你的挑战众包出去：通过与他人合作，你可以分享才华、观点和经验。让他们的意见激励你。一些销售人员找他们的同事面对面交谈，其他人会给导师打电话或发邮件。一种越来越流行的做法是将自己面临的业务难题发在领英网或 Quora 上寻求解决办法（不过要确保不要提到客户、老板或竞争对手的名字）。

5. 当你无事可做时，你的复原力和活力就会被破坏。无聊这种状态很容易让厄运的预兆有可乘之机。积极地用计划、行动、小目标和大量的小胜利来充实你的一天。有目标地生活，获得更大的成就感，这样当那些艰难时刻到来的时候（它们肯定会到来），你就能做好快速恢复的准备了。

你在想什么？

心理学家说……

大脑是一个令人着迷的相对未知的器官。然而，我们越是了解它的运作方式——大脑内部产生的冲动与我们身心健康之间的因果关系——我们就越意识到大脑和身体其实是同一个完整的相互依存的系统的一部分。当然，有很多宗教学者会告诉你，他们的价值观和信仰在几千年前就说明了这一点。他们可能是对的！

在其开创性的著作《为什么斑马不患溃疡》（*Why Zebras Don't get Ulcers*）中，罗伯特·萨波斯基（Robert Sapolsky）博士解释了不断增加的焦虑感、血液中不断升高的肾上腺素和皮质醇水平以及不断加快的心率是如何导致压力的。知道这些后，你要么能学会如何在狮子面前死里逃生，要么能学会在成为它的囊中之物之前少受一点折磨。我们把这些基本的战斗或逃跑模式应用到现代的商业世界中，与斑马不同的是，我们忘记了关掉它，结果是业绩呈螺旋式下降。[43]

美国心理学会将复原力描述为"较好地适应逆境、创伤、悲剧、威胁或重大压力（如家庭和关系问题、疾病或工作和经济压力）的过程。它意味着从艰难的经历中恢复过来"。许多人在销售等压力环境中的自然反应，就是通过跑得更快、打更多的电话、更努力地推销等来克服挑战或困难。如果你有这个能力，这可能会产生积极的影响。更努力地工作当然是答案的一部分。当在困难时期额外努力的工作成为一个可能的解决方案时，销售员和销售领导将从坦诚的交谈中获益。

业绩最好的销售人员也是更聪明地工作的人。这种"聪明"部分来自他们处理发生在自己身上和身边的事情的方式，这给了他们更多的选择，而不仅仅是通过更努力来保持原样。这里有 5 种方法可以让销售人员和领导者创造一个聪明地工作的环境：

1. **务实——尽早认识到"威胁"。** 不要去否认什么，要诚实地面对正在发生的事情，这是明智的行为。

2. **管理你的情绪。惊慌失措和鲁莽的反应毫无帮助，但一段时间的停顿、反思、坦诚和接受能让人冷静而理性地评估。**新的想法和计划将会随之出现，一种"更新"的状态就会形成。这是聪明的。

3. **在你当前的困难中找出"好的意图"。复原力强的人会在他们的处境中寻找可能的好处。**例如，生意不好，顾客少。"好的意图"可能会鼓励你去寻找新的市场，改变产品，改变价格等等。简而言之，在逆境中创新，这是聪明的做法。

4. **分享你的痛苦。事实上，人脉广、人脉可靠的人比那些无处求助的人更容易渡过难关。**这意味着，当别人遇到困难时，我们不仅应该在自己心中还要用实际行动对他们表示同情。当轮到我们的时候，你可能会惊讶地发现有很多人愿意提供帮助和支持。分享是明智之举。

5. 比以往任何时候都要照顾好自己。 冠军运动员需要通过休息和适当的饮食来完善他们的锻炼计划。销售人员也一样。我们不指望尤塞恩·博尔特（Usain Bolt）能空腹赢得百米赛跑。成功始于自尊，而自尊的一部分就是照顾好自己。这有什么不好呢？

关于复原力的最后一句话

这是一个广为流传的故事。我们不知道它从何而来，但我们很喜欢这个故事，并且想把这个故事分享给你。

你是土豆、鸡蛋还是咖啡？

从前，一个女儿向她的父亲抱怨说，她的人生苦不堪言，她不知道如何迎接她面临的挑战。女儿厌倦了日复一日的奋斗挣扎。似乎刚解决一个问题，另一个又接踵而至。她的内心对话非常有限。

做厨师的父亲把她带到厨房里。他分别往三口锅里添上了水，并放到高火上煮。当三口锅里的水沸腾的时候，他把土豆放到一口锅里，把鸡蛋放到第二口锅里，最后把咖啡放到第三口锅里。

他把它们放好后，继续在沸水中煮，一句话都不跟女儿说。女儿抱怨着，不耐烦地等待着，想知道他在做什么。

20分钟后，他关掉炉火，从锅里拿出土豆，放进碗里；拿出鸡蛋，也放进碗里。

然后，他用勺子盛出咖啡，放进一个杯子里。他转向女儿，问道："孩子，你看到了什么？"

"土豆、鸡蛋和咖啡。"她急躁地回答道。

"仔细看看"，他说，"摸一下土豆看看。"女孩照做了，发现土豆很柔软。

然后父亲让她拿一个鸡蛋，并把它敲碎。她把蛋壳剥下后，观察了一下这个煮熟了的蛋。最后，父亲让她喝一口咖啡。咖啡浓郁的香气让笑容重新回到她的脸上。

"爸爸，这是什么意思？"她问。然后他解释说，土豆、鸡蛋和咖啡都面临着同样的挑战——沸水。然而，它们的反应却各不相同。

土豆一开始强壮、坚硬、不屈不挠，但是在沸水中，它却变得软弱。

鸡蛋易碎，只有外面那层薄壳保护着里面的蛋液。当鸡蛋被放进沸水之后，鸡蛋内部就变硬了。

然而，咖啡却很独特。把它们放进沸水中之后，它们改变了水，创造了新的事物。

"你是哪一种呢？"他问女儿，"当不幸降临时，你该如何应对？你是土豆、鸡蛋还是咖啡呢？"

目的地信念:

人生必然会面临挑战和逆境 (复原力)

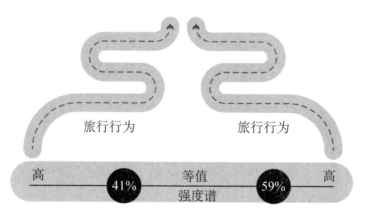

旅行行为　　　　　　　　旅行行为

高　　　41%　　等值　　59%　　高
　　　　　　　　强度谱

旅行动力 1　　　　　　　旅行动力 2
面对挑战，我加倍努力，　我从逆境中找到新的、
并取得成功（努力地工　　有创意的方法来实现目
作心理）。　　　　　　　标（聪明地工作心理）。

91% 的销售员表示，他
们认为自己必须更加努力工
作才能达成交易。

电话营销人员面临着
99.9985% 的失败率，是所有
类型的销售员中最高的。

人们很容易养成努力工作的习惯。史蒂芬·柯维讲述了一个樵夫的故事。这个樵夫的锯用的时间长了变得越来越钝，但是他仍然用钝了的锯砍树。他如果停下来，去将锯磨得锋利些，再折回来用锋利的锯砍树，就能节约很多时间，节省很多力气。这个道理大家都懂，但又有几人能真正做到呢？柯维对此是这么描述的："磨快锯子意味着维持和增强你最大的资产——你自己，意味着你在生活的四个方面——身体上、社交/情感上、心理上和精神上——拥有一个平衡的自我更新计划。"磨快你的锯，对人生的方方面面来说都是一个好习惯，但我们认为它的作用在复原力方面尤为显著。

95%的低绩效者认为"环境有时会对他们不利"。

83%的高绩效者在经济好的时候会不断地发展他们的人际脉络，这样当问题出现的时候，他们就会有一个现成的后援团队。

93%的高绩效者能清楚地表达他们想做什么和为什么想做。

The Salesperson's Secret Code

—

Chapter

5

影响力：
充分利用自身影响力，获得更多客户

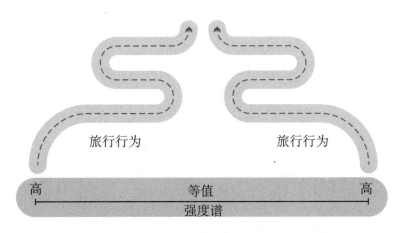

目的地信念：

成功的销售员是有影响力的（影响力）

旅行动力 1
我越强大，我的影响力
就越大（大猩猩心理）。

旅行动力 2
我越灵活，我的影响力
就越大（游击心理）。

　　我们在研究中采访的每一位销售人员都相信：成功的销售人员会利用影响力和说服力来打开市场、收集信息并获得支持。他们说服潜在客户看到自己从未意识到的需求，感受到迅速行动的紧迫性，并且在购买时优先选择他们。

在努力影响客户的同时，顶级销售员也会在公司内部影响其老板和同事。当我们问其他部门的人如何评价一个有影响力的销售人员时。你会听到他们在文化上与之惺惺相惜、喜欢与他们交际、重视他们的商业价值。他们愿意给这些销售员提供特殊的资源、特别的价格或者用更多的时间来帮助他们实现目标。这种善意的给予并非他们偏爱这些销售人员，也并非他们的职位晋升与之有任何关系。这都是销售人员通过影响力实现的。我们在采访记录中一次又一次地发现这样的例子：高绩效者知道他们的影响力，并且毫不犹豫地充分利用他们的影响力。

这些劝说者固执地想把世界变成他们想要的样子。他们有办法接近具有资源整合能力的人，然后通过影响力让他们去帮助自己实现目标。

乍一看，影响力很像它阴险的表兄——操纵，所以我们需要正确认识这个目的地信念，要视其为职业销售员合乎道德的信念，支持它，并将之与操纵区分开来。

我们来看以下两种旅行动力，即大猩猩心理（肌肉发达的灵长类动物通过蛮力得到自己想要的东西的心理）和游击心理（非正规军使用聪明、非常规手段作战的心理）。

形成影响力秘诀的旅行动力1认为，影响力是通过常规的手段实现的。这时候销售人员会强调他的权力或者头衔、声望、企业品牌影响力或别人为他写的推荐信，从而让新的潜在客户信任他们并只选择他们。他们谈业务的时候倾向于与他们能接触到的职位最高的客户交谈。他们认为，影响力的作用是自上而下、逐级实现的，也就是做权力最大的猩猩，即"我越强大，我的影响力就越大"。旅行动力2认为，影响力是通过非常规的手段实现的。在这种情况下，销售员不依赖（或可能没有）品牌优势或声望，也不仅仅只关注级别高的客户。他们追求广泛的人脉关系，关注许多人的需求，寻求做出新的贡献，而不是用过去的成就来定义自己。

他们的人际层次有高有低，以确保尽可能多的人积极谈论他们。这是因为，销售员处在业务的外围，他们一开始无法知道哪个客户是决策者。因此，他们只得去各种不同级别的部门中结识盟友。

这样做是有效的，因为在一个公司内部，总有些人能影响公司日程和决策。他们是公司很重要的组成部分——这群人决定企业价值、企业文化、企业行为和企业（或部门）目标。他们手握决定公司命运的绳索，处于非正式人际网络的中心。

你肯定见过这些人。他们就算参会迟到也不会挨骂，其他迟到的人则会因为慢慢吞吞而被训斥。虽然他们看上去并没有什么权力，但是在会上，别人总会听从他们的意见，并在做决定之前询问他们的看法。他们能在人事冻结期设法招到新员工。他们能得到别人没法得到的资源。他们也许是公司的老员工，也许不是。他们的名片上可能有头衔，也可能没有。但是不管他们处在什么位置，人们总是对他们另眼相看。他们的人脉千丝万缕，强大无比。

最初，你不可能知道他们是谁，而且你不大可能第一次进入一家公司就对接上了公司最有影响力的人。所以，四处撒网的做法是很明智的：一旦通过这扇门，就要广积人脉、站稳脚跟、保持远景、建立联系。在扩大交际网和影响力方面，低绩效者没有高绩效那么高的需求。高绩效者似乎很享受攀登"影响力之山"的挑战。当他们爬上这座山的时候，他们会确保有足够多的支点；如果其中一个支点松动了，其他支点仍然可以撑住他。

有什么测试可以让你知道哪些联系人有影响力吗？当然有！测试

人们的行为是否胜过语言，或者是否承诺多，兑现少。你可以向他们要一个邮件地址、一份简介、一份明年的战略计划或者一份公司的组织架构图。确保提出要求即可，看他们如何答复，是告诉你他们做不到，还是会淡定地耸耸肩顷刻完成。低绩效者担心他们索要这些东西会被认为太过贪心，所以他们倾向于很少索要。而顶级销售员会自己创造运气：我们采访的高绩效小组里的大部分人都说，他们会向他人索要，而索要之物只有有影响力的人才能给到他们。然后他们就能得知这个人是否有影响力了。

当事实表明你接触的是公司内部有影响力的人时，这需要你站在他们的角度，为他们着想。你的意图是为他们的事业或个人理想做出贡献。要证明你可以把他们从今天的位置引领到他们未来想达到的位置，成为他们的桥梁。当你这样定位自己时，他们会为你做大部分的销售工作，因为帮助你符合他们的利益。

这既有一点政治意味又有一点影响力意味。它肯定不是执着于旅行动力1的人所追求的那种严格的、自上而下的等级式的办事方式。相反地，这是支持旅行动力2，即"我越灵活，我的影响力就越大"的人使用的游击作战计划。他们知道，为了与客户组织中有影响力的人建立联系，他们需要被视为在自己所在组织内部以及在组织外都有影响力的人。

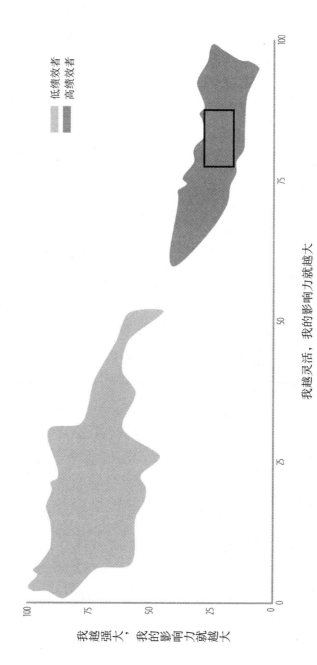

目的地的信念：成功的销售员是有影响力的（影响力）

我越强大，我的影响力就越大

我越灵活，我的影响力就越大

低绩效者

高绩效者

图 6　影响力旅行动力分布图

我们的研究发现，顶级销售员同时受这两种旅行动力的驱使，但是在销售工作中，高绩效者使用游击心理的频率是使用大猩猩心理的三倍。理想的影响力是使用 74% 的游击心理和 26% 的大猩猩心理。我们接下来更详细地探讨一下这两种旅行动力。

旅行动力 1："我越强大，我的影响力就越大。"（大猩猩心理）

持有这种旅行动力的销售人员认为，早起、在办公室加班到深夜、熬夜准备第二天的推销，保持自信，在多次听到"不"之后继续努力等，都是有意义的。他们的目标是从最高级别的客户联系人那里得到简报，然后从高级别的客户开始自上而下地销售。他们倾向于刺激客户去面对自己的问题或看到自己的不足。然后，他们利用具有挑战性的问题，提出令人信服的替代方案，以改变现状，让客户认为他们值得关注，是思想领袖，是一股需要认真对待的力量。

持有这种旅行动力的销售人员对他们的谈话主题了如指掌，他们是产品专家和业务问题专家，他们擅长引导客户解决问题，为之提供"正确"的答案，流畅地讲述市场部门做的宣传片，这些都是他们引以为傲的事情。

这些销售人员告诉自己，使用挑战性的问题能证明他们拥有可信的专业知识，同时也显示出他们想真正理解客户状况的诚挚愿望。这个小组中的许多销售员告诉我们："问挑战性的问题是在向我的客户表明，我很清楚自己在说什么，让他们真正停下来思考，从而为我提出的解决方案建立起可信度。"

这种旅行动力植根于对说服力的认同，表现为对在销产品或服务的热情。

然而，持有较高的这种旅行动力强度的销售员中，有 56% 的人都是低绩效者！

这一发现令人震惊，因为它似乎与几十年来的现代销售培训理念相矛盾，后者试图教会企业对企业（B2B）模式的销售人员提出更好的问题，帮助客户将问题联系起来。这不是因为这个方向存在缺陷，而是因为它揭示了执行过程中的一个问题。

有太多的销售人员仍然给人一种教条主义和想操纵他人的印象，他们耍奸取巧，看起来是在倾听客户讲话，但其实只是在等待自己再次开口的时机。他们想说服、劝服甚至强迫他人的激情最终变成了为达目的不择手段。谈话不再是为了共同发现问题，更多的是将他们的信念（或产品）强加给客户。

买家们说，在遇到那种只会将自己的产品说得天花乱坠的销售员时，他们往往会避而远之。他们更乐意接受那些会讲故事，会用数据来说话的销售员。而且，他们承认，销售员的自以为是或者长篇大论让他们感觉受到了骚扰，甚至是侮辱。一些买家觉得自己几乎被忽视了，因为有的销售员根本就抓不住顾客的真正需求，他们提出的问题空洞而无意义，而且他们根本不会倾听顾客的意见。

但乍一看，这些卖家看起来并不像低绩效者。下面是我们从具有较高大猩猩心理旅行动力强度的人那里收集到的行为特征，这些特征在每次访谈记录和相应的行为模型中都是一致的。

最常被观察到的行为
1. 积极进取 / 挑战者
2. 坚持不懈 / 顽强
3. 大胆 / 敢于冒险
4. 难以击败 / 意志坚定
5. 坚定不移 / 坚决

看看这张单子！想象一下你正在招聘新的销售人员，然后这就是其中一位候选人的简历。大多数招聘者都会当场雇用他们。因为这些特征看起来就像是一套令人羡慕的销售王牌，肯定会带来成功。然而，如果使用不当，这些王牌就会适得其反。

我们发现问题的根源在于说服的主题范围，优秀的销售人员之所以能够说服他人，是因为他们首先说服自己相信自己的产品是有用的、有价值的，但是，自我说服可能是一把双刃剑，另一端便是自我欺骗。过多的自我说服会使销售人员对客户的实际情况视而不见，变成一个极端主义者。有些公司发现了这一点，就给产品营销部门内部做了培训，其他没有意识到这一点的公司则把问题留给了销售团队。

顾客一眼就能看穿这种行为。当他们表现出疑问、犹豫，或者给出相反的观点时，大猩猩心理就会让人用"是的，但是"这种抗辩来反驳他们。他们试图击败反对意见，帮助顾客"回到正轨"。那所谓的正轨是什么呢？却不是顾客。这就是问题所在。这些销售人员实际上并不是在助力共同发现问题，而是在操纵结果。

通过交叉参考其他习惯，我们了解到有这种行为的销售人员也非常害怕失败。他们像一只把头埋进沙里的鸵鸟，不去倾听客户怎样回答他们的问题，而试图抓住每一个成单的机会（通常时机尚未成熟），因为他们认为成交是控制力和权力的象征。正如大猩猩喜欢咆哮和拍打胸膛一样。

当然，这一群体中的卖家并没有意识到他们的绩效低，就像招聘人员在看他们的行为履历时无法意识到一样。他们往往比同龄人工作更长时间、打更多的电话，理应获得更多的成功，然而实际上却是劳苦功低。这让他们很困惑，因为这似乎不合情理。因此，大猩猩心理促使他们加倍努力，打更多的电话，用更快的语速讲话，在讲述的时候更有激情，增加更多的技术细节描述，以证明他们的专业，如果客户还"不明白"，他们就会十分恼怒。

巴斯大学和克兰菲尔德管理学院的研究结论引人入胜。他们发表在《哈佛商业评论》上的研究总结到：销售人员有四种类型，每种类型都用到了大猩猩和游击心理作用下的行为，只是使用的方式不同[44]。

24%的销售人员是高手。他们都会采取下一步行动，这其中84%的人会提出销售请求。这些高手是全能的，不管是产品还是增值解决方案他们都能卖得一样好。如果非要说他们有什么缺点，那就是他们都倾向于认为他们的价值是显而易见的，而且认为客户想买的心情就和他们想卖的心情一样。

39%的销售人员是快速成交者。这其中94%的人会采取下一步行动，62%的人会提出销售请求。这种销售人员适合售卖那种可以展示出来、商谈价格并快速成交的商品。他们喜欢跳过顾客的需求部分直奔买卖主题。追求交易效率的卖家会赞赏他们这种简约省时的方式。

这类销售员往往在批发或零售行业表现出色，但是不适合销售解决方案，因为需要解决方案的买家只会认为他们太咄咄逼人。

22%的销售人员是叙述者。这其中65%的人会采取下一步行动，但只有36%的人会提出销售请求。他们在销售的时候会用到录音、产品目录、演讲稿和固定的演示片。他们是产品专家和技术奇才。如果一位顾客给出了一个意料之外的答复或反对意见，这些"会谈话的手册"就会感觉被挑衅了。他们打断对方，开始辩驳，用他们所有的技术专长来驳回买家，证明他们的优势。

15%的销售人员都是社交者。这其中只有1/3的人会采取下一步行动，只有27%的人会提出销售请求。社交者在人际交往和客户服务方面颇为擅长，但他们把客户看作朋友，觉得给朋友施加压力是不礼貌的。这种动力导致高昂的销售成本，因为他们选择等待买家采取下一步行动，并且通常在收到订单后给出折扣，以增加交易的吸引力。

我们观察到，56%的持有"大猩猩心理"的销售人员与占比为61%的成交者和叙述者类型的销售人员有很高的相似度。"我越强大，我的影响力就越大"——这种旅行动力影响了上述叙述者和成交者的做法。前者用煽动性的想法、事实、数字和产品优势对买家进行信息轰炸，而后者用其逻辑或情感来获得影响力。

我们还发现了占比为24%的高手型销售人员与拥有"游击心理"的销售人员之间的联系。因此，下面我们来看看这一组的情况。

旅行动力2："我越灵活，我的影响力就越大。"（游击心理）

高绩效销售人员认为，影响力的作用不是把他们的意志强加给顾客，而是他们与顾客之间实现互利共赢。这就需要销售人员会灵活变通，因为一种方法不能解决所有问题，每个客户都是独一无二的。这也意味着并不是每个客户都刚好适合你（这时销售能力就起作用了），你的解决方案也可能并不适合每个买家（这时你需要告诉你的客户，你的产品并不是最好的选择，然后帮助他们在其他地方找到最合适的）。

销售员在游击心理的作用下可以灵活变通。大猩猩心理则不会，或者不能。让顾客"离开"是一件令人厌恶的事情，这也是他们一直不得其所的原因。

施坦威钢琴模范销售员埃瑞卡·费德勒做得恰到好处。她告诉我们，她所做的不是销售，而是"匹配"。

埃瑞卡说："我会记住库存中每一架施坦威钢琴的声音、音色、大小、型号和序列号。当顾客走进我的店里时，我会了解每个人的情况，比如他们的年龄、经验水平、弹琴时的手部姿势、音符的弹法，以及他们在钢琴方面的计划，是想提高弹奏水平还是想保持原样；还有在家弹奏钢琴这件事对他们来说意味着什么，是一时的念头还是一生的决定？对这些信息的掌握帮助我为他们找到最适合的钢琴，这架钢琴弹出的声音最符合他们当前或者未来的生活。因为木材的音色不同，所以每架钢琴都是不同的，但我每次都能准确无误地为他们找到最合适的那一款。如果那天我手上没有最合适的钢琴，我绝不会将稍微次一点的钢琴推荐给他们，我会打电话到库房或者其他店里，确保能找到最合适的那架钢琴。实在找不到适合的，我就会将顾客推荐给拥有这种钢琴的人。诚信销售，这是我们必须遵守的原则。"

埃瑞卡代表的是不强行推销自己产品的销售人员。他们密切关注小而重要的细节，目的是把客户的长期满意度置于自己立马成交的愿望之上。这需要极大的信心和耐心。但这么做能建立巨大的可信度和影响力，就埃瑞卡而言，她换来了终生客户。当他们将来有需要，或得知其他人有需要时，第一个想到的就是给她打电话。

乍一看，这似乎是一种"推销解决方案"的方法。然而，正如微软的迪利普·马伊巴加南所解释的那样，这实际上是一种生活方式："我成功的一个关键是建立信誉。你要寻找机会为人们做事，然后多花点力气去超出他们的预期。比如承诺四天内完成某件事，然后在两天内完成它；比如当有人和你说话时，立即合上自己的笔记本，全神贯注地倾听；比如给人寄杂志文章时，不光是将文章电邮过去，还要亲自把你对文章中的想法写出来（当然是以电子版的形式）一并发送。只有当你为别人尽心尽力时，他们才会更愿意支持你。"

以下列出了在每次访谈记录中一致的行为特征，以及持有较高游击心理旅行动力强度的人相应的行为模型。

最常被观察到的行为
1. 尊重他人 / 善解人意
2. 富有同情心 / 理解他人
3. 有说服力 / 容易令人信服
4. 迷人 / 有磁性
5. 擅长社交 / 幽默

模范销售员克莱尔·埃德蒙兹的第一份工作是在村中一个养鸡场里，这个村庄是她成长的地方。"在这里，我意识到自己一点也不想和鸡打

交道"，她说，"但是这是一个有趣的心理训练，因为我开始意识到我的肢体语言将影响鸟类的行为，特别是小公鸡，他们很明显把我看作竞争对手，如果他们感到恐惧就会攻击我！我很快学会了与之保持眼神交流，并且尽可能地快速移动。后来，当我开始更深入地研究肢体语言和非语言交流时，我能够回想起这段经历，回想我们的行为如何影响我们身边的一切事物，而不仅仅是人类。"优秀的销售人员尊重客户的需求和意见，他们同时在客户公司和自己公司发展人脉，从而传递价值。他们懂得关心他人，这种意愿体现出来后就建立了信任和影响力。

葛兰素史克公司的科琳·舒勒这样解释："如果方法用对了，就能看出你是在为谁服务。这就是奇迹所在。在每次谈话、演讲或者提建议的时候，你必须让客户感受到你是在为他们着想。你谈到的、写到的都是客户的世界、客户的需求。这是需要勇气的，因为一直以来销售人员学到的都是推销自己的产品、突出自己的特点、追求自己的利益。这是一个潜移默化的过程，客户喜欢这种战略模式，而这始于你先为客户着想，然后再来推销你自己。"

"在看待和他人的利益关系时，要时常让他人看到你的用武之地，而不是总想着自己。"一位高绩效者建议道，"这一点在专业服务领域尤为明显，但其实各行各业皆是如此。如果你对你的同事、现有客户、潜在客户有所帮助（不管是哪方面的帮助），并且不求回报，那你就会取得成功。因此，建立关系在销售过程中至关重要。从一开始我就相信乘数效应。你必须做三件对对方有利的事情，然后才有资格请对方卖个人情或给个机会与你进一步谈生意。为了获得这个资格，你必须去帮助他们两到三次，不管这个帮助有多大分量。而且要在与他们的长久关系中一直给予这种帮助。在你能提出请求或期望对方愿意以某种方式帮助你之前，让别人知道你是有用处的，这点非常重要。"

顶级卖家用来影响客户的另一种方法是使用社交媒体。事实上，沃达丰前员工查克·布勒告诉我们："特朗普的事情让我很好奇——尤其是他对社交媒体的使用！"

行业观察人士注意到，对外 B2B 销售电话的有效性在下降，可能至少需要打 18 个电话才能联系到一个新的客户，外发的邮件被目标客户查看的概率只有 24%。与此同时，84% 的 B2B 客户现在开始通过他人介绍的渠道去购买，[45] 他们的购买决定 90% 以上都受到了同伴的影响。

这就意味着销售人员和买家之间存在严重脱节。弗雷斯特研究公司[46]的分析师认为，这种脱节是买家对销售人员极度失望从而产生的抵制行为，因为太多销售人员都只关注自己的销售量和提成，却无心去了解和解决客户的问题。

影响深远的销售类书籍《向高管推销》（*Selling to the C-Suite*），是通过长达 10 年的对高管购买偏好的研究形成的。[47] 书中指出，互联网更像是一种购买工具，而非销售工具。它允许客户打破互联网时代之前的销售员"信息垄断"现象，在决定与销售人员见面之前，他们会在网上做大部分的研究和比较工作。

弗雷斯特研究公司接着指出，到 2020 年，可能会有 100 万名 B2B 销售人员因自助电商平台而失业，如果他们的销售水平还不及《销售巨人》（*SPIN Selling*）的作者尼尔·雷克汉姆（Neil Rackham）提出的"说书"综合征那样的话。[48] 在这种情况下，销售人员更感兴趣的是传达一份"形象"小册子的内容，而不是开展一个有意义的对话。

有证据表明，应对电话营销有效性下降趋势的一个办法是以牙还牙，即欣然接受在线社交销售的新渠道。这是一种利用社交媒体向你的目标受众分享他们感兴趣的理念、建议和资讯，从而进行交际、展望和研究（按此顺序）的策略。

这使得卖家可以塑造自己的个人品牌，慢慢收获一群追随者，当这些潜在客户终于打算购买，并希望与一个他们长期以来认为相关且可靠的人交谈时，你便可以与他们发展成为私交。

"社交媒体销售"这种狙击销售法不同于"社交媒体营销"这种突击销售法，前者提供给潜在客户的是个性化的建议、电子书、白皮书、博客、视频和事件新闻等信息，是一种一对一的销售，而后者的目的是为陌生人建立对公司或产品品牌的认知度。

社交媒体上一些值得注意的数据[49]包括：

- 75% 的 B2B 客户使用社交媒体来看他们的同伴在做什么，并询问他们对购买决定的意见。
- 53% 的 B2B 客户在选定供应商之前会使用社交媒体征求他人意见。
- 82% 的 B2B 客户表示，他们看到的某位销售人员发布的社交内容会在很大程度上影响他们的购买决定。
- 在使用社交媒体的 B2B 销售人员中，有 72% 的人比同行表现得更好，他们中有一半以上的人达成了交易。

A Sales Guy Consulting 公司的创始人之一吉姆·基南（Jim Keenan）这样说："今天，推特上的一条吐槽信息、领英上的一个提问或者脸书上的一个讨论都有可能成为一个热点。"[50]领英网调查发现，B2B 买家与那些利用社交媒体为企业或行业提供新见解的人打交道的可能性要高出 5 倍。

社交媒体让销售人员在客户销售周期的早期阶段参与进来，此时他们更有可能定义理想解决方案的概念，以此来控制其他供应商被评估的标准。[51]

要想在社交媒体销售中获得成功，你每周最多需要投入 4 个小时上网去关注聊天室、领英论坛和一些幻灯片分享网站上的热门话题。在做完这件事以后，如果你想获得目标受众的关注，那么你还需要发表自己的观点。为了显示出自己作为业内人士的专业水平，你自己在发表帖子的时候，语言一定要精炼。

记住，社交媒体是慢热型的。短期内可能没有人向你咨询，但是你的个人品牌展示得多，当买家的潜在需求转变为实际需求并且想找个销售员聊一聊时，你就是他们想要找的人。

75% 的在社交媒体上获得成功的 B2B 销售人员表示，他们接受了某些形式的培训，而不是通过反复试验来找方法。职业培训可以带来帮助的领域包括：

- 围绕社交媒体和数据隐私的立法，确保你的帖子不被当作垃圾邮件、电邮广告或骚扰信息。
- 如何优化社交媒体渠道，诸如领英、推特、脸书、照片墙（Instagram）和 YouTube。
- 如何尝试用特定的社交软件帮助管理你的社交足迹，自动跨平台传播你的观点。
- 如何在社交媒体上写出精句，让人一眼看懂你的观点，而不是对产品特性和优势长篇大论，让人看完一句就失去兴趣。社交媒体上，写得越少越好。

聪明的销售人员会定期与优秀的营销同事会面，了解最新的行业问题和不断变化的客户需求，这有助于他们在社交媒体上发帖时保持行业相关性。你甚至可能会获得一些酷炫的图表来用在你的帖子上。所以，在你的营销部门交一些朋友，定期听听他们的想法。多多倾听，你会惊讶地发现自己能收获很多见解。常见的社交媒体规则可以概括如下：[52,53,54,55,56,57]

一般规则

- 每天分享几篇帖子，每隔几个小时发一次。
- 快速回复收到的邮件。53% 的推特用户希望在 60 分钟内收到回复。
- 80% 的时间用来娱乐观众、分享资讯，20% 的时间用来向他们销售。
- 用具有亲和力的第一人称"我们"来写帖子，而不用"我"。

领英网

- 一对一的发送加好友申请，并说明加好友的原因。
- 添加好友成功后，发送欢迎信息。
- 不要一加入团队就开始宣传。
- 模仿你加入的任何社交网络的职业风格。
- 1~3 个标签效果最好。

推特

- 不要挑那些关注你的人来私发信息。
- 不要购买粉丝列表。
- 不要在推特上塞满关键词。
- 不要盗用其他公司的标签。

照片墙

- 不要请别人来粉你。
- 不要在照片墙上发太多人们感兴趣的内容，要比发在推特上的少一些。
- 11 个或 11 个以上的标签效果最好。

脸书

- 不要给自己的帖子点赞，那样显得你很无助。

- 未经允许不要发布别人的照片。

- 不要标记与你的帖子无关的人或页面。

- 不要请别人为你点赞、写评论或分享。

- 标签降低交流的可能，不建议使用。

谷歌

- 在评论他们的帖子时，一定要提到他们的名字。

- 分享的时候，在发布之前添加你自己的评论。

- 使用"谷歌格式"——粗体、斜体和带删除线字体。

P 站（Pinterest）

- 为你的展示图加上不错的描述。

- 链接源文件并给予信用。

- 不要使用与点击内容无关的图片。

- 不要只展示自己的材料。

- 标签降低交流的可能，不建议使用。

——

　　下面是影响力目的地信念的评估表。找一个安静的地方，思考这些问题，写下你的回答。这样做会让你踏上使用销售习惯之路。在此之后，我们提供了更多关于影响力的见解，这些见解由我们为了研究而采访的来自世界各地的模范销售员所提供。

1. 在工作中或者其他你能施加影响力的地方，如果你有更大的影响力，你能在哪些方面受益？

2. 你如何在接下来的六个月里增加你的影响力？

3. 你会遇到什么障碍，你如何克服它们？

4. 你需要如何调整你的方法来更好地影响不同人的性格？通过指定特定的人来做计划。

5. 当你在影响力方面进行这个练习时，你希望观察到什么结果？

高绩效销售员关于影响力的更多见解

1. 你可曾遇到过一个过度自信的销售员，就算想要这个产品，你也决定不从他们那里买？市场上有许多糟糕的销售行为，这些行为是由肤浅的培训者和有策略头脑的管理者延续下来的。问题的根源在于人们是从哪里开始他们的销售生涯的，以及他们对销售的看法。如果他们一开始从事的便是对时间敏感且量大的多层次营销、零售或批发交易，那么"影响力"这个词的意思可能更类似于强迫，所以他们也是这么去培训下一代的。不消说，销售行为曾经被认为是口齿伶俐的交易能手使用的得寸进尺法的缩影，这是 19 世纪 70 年代在美国西部激增的旅行推销员留下的后遗症。[58] 这些卖货物的被称为"鼓手"的销售员和卖蛇油的流动小贩，后来转卖百科全书[59]、炊具[60] 和吸尘器[61]。在工业革命和技术革命期间，他们卖所有能卖的一切。20 世纪 20 年代，他们卖汽车；50 年代卖家用电器；60 年代卖打字机。打字机后来演变成了 IBM 的计算机和施乐公司（Xerox）的复印机。IBM 和施乐公司的销售培训催生了现代销售培训行业。这一行业大多数产品均起源于此。此后，销售培训在摒弃高压"影响力"技术方面取得了长足进展。尽管他们仍然使用顺序提问框架来引导买家购买，但他们也告诉我们：在你试图说服任何客户之前，你首先需要建立起许多人对你的信任感，建立自己的信誉，并且保持真诚待人。这是一切影响力的根本所在。

2. 随着互联网的出现，消费者的信息变得非常灵通。专业买家会利用无处不在的价格、客户反馈和全球化的供应链等数据，迫使供应商与之达成更利于自己的交易。对于卖家来说最重要的是，利用这些相同的技术，将他们的信息推送给个人买家，并证明他们可以解决客户在需求、成本、时间、价值和风险方面（按此顺序）的担忧。学习使用在线研究工具来分析潜在客户的背景和需求。学习应用数据计算分析工具来向你的客户展示，展示为何他们不能错失你的解决方案，或者展示他们的投资什么时候能达到盈亏平衡，为他们节省时间和财力、创造利润和投资回报。这些方法将帮助你变得更具影响力。

3. 顾客允许自己被他们喜欢和信任的人影响。同理心是建立这种亲密关系的基础。走进门的时候你要面带微笑、直视客户的眼睛，使用触摸的力量——即使是握手也能增加他们的同理心，积极倾听。保持眼神交流，当他们说话时身体前倾，发出肯定的声音来对他们的话表示认可，头倾斜着表示你在听。[62] 记住，非语言交流中"无声电影"通常比"有声电影"更能传达信息。如果你觉得很难与买家建立联系，那就寻找一个共同的兴趣。就像办公室职员在周一早上谈论周末活动、天气或电视就是为了与同事建立亲密关系一样——这些共同的经历意在显示人人平等，帮助你融入这个群体，建立同理心。用同样的方法对待你的潜在客户和现有客户，你将变得更具影响力。

4.真诚待人、以客户为中心。一些办公室文化将销售人员打造成了自恋狂——看重奖励、荣誉和其他可拿来吹嘘的资本。为自己具有重要性而庆贺固然重要，但是当你跨进客户家的大门时，你必须表露出一种态度，那就是把为客户做正确的事作为你的第一要务。对他们的业务如何运作表现出真正的好奇心，并与你公司内部的人讨论如何利用你们的产品、服务和各种关系来为客户的业务带去帮助。把这些想法告诉他们。一个好的检验方法是回顾你上一次跟客户的电话沟通内容、邮件和演讲内容，数一数有多少句开场白、有多少页幻灯片是在谈论你自己或你的意见而不是客户的需求。销售陈述中有80%的时间都在谈论供应商自己，这种情况实属常见。反过来看看这对顾客的态度有多大影响。当你谈论自己时，顾客可能会觉得与你的会面是他们一天中最无聊的部分，他们会不停地看时间想要早点结束这次会面。但如果让他们谈论自己，他们很可能会将会面时间延长。记住，推动销售的不是你的能言善辩——舌头只不过是引导谈话的舵而已。你倾听的能力是你前进的真正动力。你说得越多，你得到的主要是已知的东西，你听得越多，得到的更多是你需要知道的东西。影响者是很好的倾听者。

5. 影响者把他们的时间、情感和精力集中在他们能做的事情上。他们不会浪费储备去为无法控制的事情烦恼。遇到障碍时，他们会后退一步，把当时的情况分成几个部分，然后分成四组：能用自己的能力（自给自足）改变的；也许能通过别人的帮助（寻求帮助）改变的；也许能通过整合资源（伙伴关系）改变的；不能改变的（不可抗力）。前三种方法将解决大多数问题。专注于你能改变什么。发挥你的影响力。你可能无法解决全球饥饿问题，但你可以为下一个在街上遇到的无家可归者买一个三明治。今天你可能无法达成交易，但是你可以通过言语和行为来推动它离终点更进一步。影响者都知道，"一码一码地卖，难如登天；一英寸一英寸地卖，小菜一碟。"

6. 应用互惠原则。这是社会心理学的一个原则，即当你给别人一些有价值的东西时，他们也会回报你。在收据上画笑脸或留下一些薄荷糖的女服务员更有可能得到小费。这是老早就有的观念，即"投桃报李"。中国人称它为"关系"——一种通过给予和接受帮助来照顾彼此利益的非正式制度，[63] 这种制度没有任何不当之处。你可以道义地给客户很多对他们有价值的东西，比如为他们节省时间，提供有用的信息，提供额外的资源从而帮助他们完成工作，帮助他们在上级或同事面前有聪明的表现，或者将他们引荐给他们想结识的人。建立这种互惠关系就会产生影响力。

你在想什么?

心理学家说……

影响力可以定义为对人或事物产生影响的力量。在销售领域，我们知道影响力的价值是不言而喻的，例如通过影响力让他人看到你的产品的价值，打开销售的大门，或赢得回头客。销售中影响力的作用范围远远超出了销售人员和客户。在当今日益复杂和模棱两可的世界中，影响我们组织内和客户组织内的关键利益相关者的能力，或者影响不同的利益集团或游说团体的能力，对销售的成功有着至关重要的作用。

罗伯特·西奥迪尼（Robert Cialdini），是市场营销学、心理学教授，还是《影响力：说服心理学》（*Influence, The Psychology of Persuasion*）的作者，他提出了影响力六大原则：

1. **互惠原则**——人类有知恩图报的习惯，责任感即由此产生。你上次给你的潜在客户和现有客户带去有价值的东西是什么时候？带去的是思想指导吗？是一天的免费咨询吗？是你的交际网中一个新的人脉吗？这些任意一种都能带来互惠的欲望。

2. **承诺一致**——如果人们对一个想法或目标许下承诺，他们更有可能遵守这个承诺。对销售人员来说，应用这点就是要找到你与客户想实现的目标的共同愿景，并让客户一直积极强化这个愿景。

3. **社会认同**——人们会做他们看到的别人正在做的事情。这就是我们追随时尚的原因。这也是为什么优秀的销售人员能够创造动力，享有令人信服的业绩的原因。

4. **权威顺从**——人们会倾向于服从权威人物，即使他们被要求执行不愉快的任务。成功的本质是确保伴随"指示"而来的是一条清晰的路径。对管理者的启发是，要确保他们不光是下达命令，还要提供必要的指导。对销售人员的启发是，要表现得具有权威性，不傲慢，展示相关的解决方案，如此一来客户就会对他们做出回应。

5. **偏爱喜欢**——人们很容易被他们喜欢的人说服。不要害怕微笑。不要害怕暴露自己的弱点。这些都只是表明你是一个人——就像他们一样！

6. 稀缺性——感知到稀缺会产生需求，因为人们不想错过。对销售人员的教训是要知道你的价值、你的名气、你独特的卖点。[64]

要想有影响力，不仅仅是要强大、自信、有说服力和魅力，这只是产生影响力的部分要素。管理者和销售人员若想增加影响力，一方面要花时间反思影响力在每种情形中是如何起作用的，另一方面要对客户采取特定的影响力策略，让客户因此而更加积极地回应你。

关于影响力的最后一句话

英国皇家空军中两个好友之间的真实故事

20 世纪 50 年代初，威廉和吉姆这两个年轻人加入了英国皇家空军。那时英国所有年满 18 岁的男性都必须服两年兵役。威廉和吉姆负责英国各地（通常是偏远地区）的各种雷达装置工作，在此期间他们成了至交。吉姆具有近乎天才一般的才智，威廉本人也很聪明，但在高压情况下他得依赖吉姆进行许多快速计算。吉姆还擅长向高层汇报他和威廉所做的事情。"让他们知道我们在做什么，他们就会让我们好过点。"这是他的座右铭。服完兵役后，他们失去了联系。但在接下来的岁月里，威廉在回忆起他和吉姆在这个国家的各个偏远角落所做的事情时满含深情，这要多亏吉姆对"高层"的影响力。每每此时，威廉脸上就会闪过会心的微笑，看到他陷入回忆的模样，其他人就不忍心往下追问了。

50 年后，也就是 20 世纪 90 年代末。当时威廉正在通往英格兰北部的路上，他在一个加油站停下来加油，顺便吃东西。他走进一家餐厅，并为从另一个方向过来的一位绅士扶着门。当后者走进门的时候，两个人互相对视了一眼，立刻认出了对方，随之而来的是长时间的握手、拍背表达喜悦之情。"很高兴见到你,吉姆!"威廉喊道,"这么多年来,我一直想请你喝一杯,感谢你让我的服兵役时光如此愉快。"因为这次重逢,他们那天的旅行时间远远超出了计划。

这一切都表明,友谊的善行,特别是不求回报的善行,会产生终身的责任感。付出终究是有回报的。

目的地信念:

成功的销售员是有影响力的（影响力）

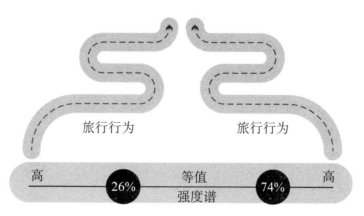

旅行行为　　　　　　　　旅行行为

| 高 | | 等值 | | 高 |

26%　　　强度谱　　　74%

旅行动力 1
我越强大，我的影响力
就越大（大猩猩心理）。

旅行动力 2
我越灵活，我的影响
力就越大（游击心理）。

95% 的低绩效者认
为满怀自信、直面挑
战是获得影响力的
最佳方法。

92% 的高绩效者
集中精力在自己能
控制的事情上——
态度、心态和行为。

87% 的高绩效
者认为，今天有效的
东西，明天可能就行
不通了。

位于阿联酋迪拜的哈利法塔（Burj Khalifa）高 2722 英尺（828 米），是世界上最大的人工建筑。自 2009 年以来，这是世界上最高的建筑，它的螺旋式设计体现了伊斯兰文化。工程师们建造这座摩天大楼是为了抵御里氏 5.5 到 7.0 级的地震。它的柱和梁是弯曲而非直立的，抗震结构允许一定的晃动。就像汽车中的减震器一样，这些系统允许建筑物在需要的时候进行伸缩。这栋建筑不仅能抵抗地震，它的灵活性使它每天都可以对其环境做出反应。将这个例子转化到销售当中，我们得出结论：要实现一个对所有人都有利的结果需要灵活性，因为一种方法并不是万能的。每个顾客都是独一无二的，都应该特别对待。太死板的销售是无法进行下去的。但是，如果你非常害怕失败，那么你就很难做到这一点。如果你能做到，那么对你来说，顾客为了更大的利益而长时间的离开，这种事情将会很少发生。

84% 的 B2B 客户现在开始通过他人介绍的渠道去购买。

根据《哈佛商业评论》的研究，占比为 56% 的持有"大猩猩心理"旅行动力的销售人员与占比为 61% 的成交者和叙述者类型的销售人员有很高的相似度。

75% 的 B2B 客户使用社交媒体来看他们的同伴在做什么，并询问他们对购买决定的意见。

The Salesperson's Secret Code

—

Chapter

6

沟通力：
与客户开展有效沟通，建立持续联系

目的地信念：

成功人士最擅长沟通（沟通力）

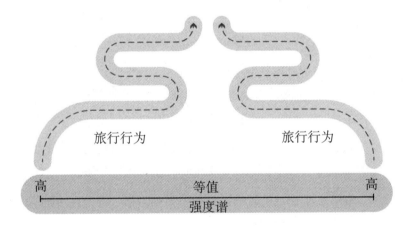

旅行动力 1
有力的沟通是清晰、简洁
地传达信息（闪电心理）。

旅行动力 2
有力的沟通是展开持续
和有意义的双向对话
（雷鸣心理）。

公元前 4 世纪，希腊哲学家亚里士多德成为柏拉图的学生，柏拉图师从苏格拉底。亚里士多德的观点在接下来一千年深刻影响了犹太和基督教的学术传统。他被中世纪穆斯林知识分子尊为"第一老师"。亚里士多德被选去教导亚历山大大帝。从亚历山大那里，他得到了丰富的资源并用来扩展他的研究。他建了一个大型图书馆，出了数百本有关物理、伦理、戏剧、音乐、政治、生物学和动物学的书籍。

亚里士多德对修辞学特别感兴趣，修辞学是一种有说服力的说写艺术。他是第一批记录演员、商人和政治家交流技巧的人之一，这些记录被他写进了《修辞术》（*Rhetoric*）[65] 这本书中。在这项研究中，亚里士多德提出了说服性沟通的三个要素——人品诉求（ethos）、情感诉求（pathos）和理性诉求（logos）。

Ethos 是"性格"的希腊语，是一种让听众相信你的信誉和权威的东西，也即相信你的建议的可靠性。通过选择适合观众的语言、正确的语法，来充分展示你的职业水准。要说明你的背景和资历，自始至终要保持知识渊博、讨人喜欢的特点。人品诉求的目的是为你建立起有权威、有实力和有信誉的形象。没有建立人品诉求的销售对话是不完美的。如果你没较好的人品，别人为什么要聆听呢？

Pathos 是"情感"的希腊语。它被用来唤起他人对你正在讨论的事情产生激动人心的情感共鸣。好的演讲和推销词通过不同的语速语调建立情感诉求：快而响亮的话语来传达离实现梦想更进一步的喜悦（光），缓慢的低语或戏剧性的停顿来强调为什么维持现状是不好的（影）。情感诉求的目的是使客户将你提供的信念、理念和产品与自己相联系。销售对话如果没有通过情感诉求抓住客户的心，那这个对话就是不成功的。如果你没有引起客户的共鸣，他们为什么要关心呢？

Logos 是"理性"的希腊语。它是用逻辑思维和事实来说服人。这就是你使用数据、图表、百分比、案例研究和专家证言来推销你的建议的时候，为的是使听众相信你的推理无可辩驳。理性诉求会让买家对你所卖的东西有一种逻辑上的信服感。销售对话如果没有通过理性诉求抓住客户的心，那这个对话就是不成功的。如果你没有理性诉求，他们为什么要相信呢？

我们可以把亚里士多德的发现称为"说服链"，通过三种行为表现出来。顶级卖家用不同的名字称呼这三种行为，但其模式总是一样的。有人说："你销售的顺序应该是先卖给肠胃，然后心脏，最后卖给大脑。"也有人告诉我们："在我推销逻辑之前，我必须先推销情感。但不管是先做哪个，我都必须先推销自己。"

如果你为你的推销电话、演讲或者商谈准备的模板或者销售辅助工具没有提醒你使用人品、情感或理性诉求，那么你就错失了沟通环节最重要的部分，正是这个部分决定了销售人员的绩效高低。

我们的研究表明，所有的销售人员都相信有效沟通的力量。正如路易斯·乔丹所言："沟通是销售过程中的主要工具。"卖家依靠它来学习知识、传递信息、说服他人、跟进进度。与这本书中其他四大要素一样，沟通力也有两个旅行动力。

旅行动力1认为，有力的沟通是清晰、简洁地传达信息——就像一道闪电，将一个特定的对话或者主题照亮（闪电心理）。

旅行动力2认为，有力的沟通是展开持续和有意义的双向对话——就像阵阵雷鸣在山丘和天空之间回旋（雷鸣心理）。

前者是短暂的、迷乱的分心，它给你一种震撼，然后扭头消失不见。后者是持续的，给人留下更持久的印象。这个观念与普利策奖得主、诗人威斯坦·休·奥登（Wystan Hugh Auden）的观察如出一辙："耳朵往往懒惰，渴望听到熟悉的声音，陌生的声音会吓到它；眼睛则恰恰相反，它很不耐烦，渴望新奇，重复的事物会让它厌倦。"耳朵和眼睛，就如雷鸣和闪电，要想大获成功，两者必不可少。但是，我们到底需要多少雷鸣和多少闪电才合适呢？

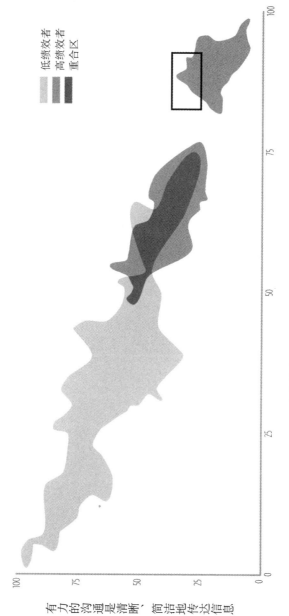

目的地信念：成功人士最擅长沟通（沟通力）

低绩效者
高绩效者
重合区

有力的沟通是开展开持续和有意义的双向对话

有力的沟通是清晰、简洁地传达信息

图 7　沟通力旅行动力分布图

图 7 中，纵轴显示旅行动力 1 （闪电心理），横轴显示旅行动力 2 （雷鸣心理）。请注意矩形中高绩效者聚集的位置。这个位置表明，高绩效者认为，与顾客之间保持长期的正式和非正式的双向沟通（雷鸣）比偶尔向他们进行完美的、单边的推销（闪电）更重要。他们实现了这两者的平衡，既确保有 79% 的时间是与潜在客户和现有客户保持雷鸣关系，又确保有 21% 的时间是在闪电般地震撼她们。低绩效者的处理逻辑则恰恰相反。

这实际上意味着什么？其实很简单。为了说明，我们来探讨一下这两种旅行动力。

旅行动力 1："有力的沟通是清晰、简洁地传达信息"（闪电心理）

就像被闪电击中一样，客户觉得这种沟通方式出乎意料，因为它和正在进行的对话似乎风马牛不相及。在这种情况下，为了激励你的潜在客户和现有客户，让他们被"电"到，你会给他们来一场"突如其来"的鼓动或宣传。

这种沟通需要事先做好准备。你需要找到与你有共同点的潜在客户。用书面或口头的形式向他们传达信息，并确保标题与他们的处境相关，然后有效率地介绍你自己（人品诉求）、引起他们的共鸣（情感诉求），并且要有理有据（理性诉求）。

这种方法的危险在于，它以先谈销售员自己开始，而有一些销售员一说起自己就滔滔不绝。那些更偏向闪电心理的销售员认为，评价一个销售员的好坏，要看他对产品、公司、市场实事的了解度。他们觉得只要跟顾客讲明白为什么他们的产品是最好的，并且给顾客做详细的演示，那顾客自然而然就会下单。他们虽然使用到了人品诉求和理性诉求，但是却忽视了情感诉求。在我们的采访中，我们听到这种信念以许多不同的形式出现：

- "透彻了解你的产品非常重要，这样才不会被顾客抓到短处。"

- "我的产品是一个比较复杂的解决方案，在这个竞争激烈的市场里，我必须保证我的顾客理解这个产品独特的卖点。"

- "我的客户非常有经验。他们想确信和他们谈业务的人能够谈吐自若。"

不出所料，持有这些信念的人来自绩效较低的群体。

当我们向 500 名低绩效的销售人员问及：他们自己认为是什么原因导致顾客不从他们那里购买——即使他们的推销天衣无缝。61% 的人告诉我们："我想我应该是没有说清楚。"他们这种反应使他们强烈地想要补救这个局面，他们通过同样的销售方式，但是更努力地说明自己的观点。这就是闪电心理旅行动力的表现。

通过交叉参考其他秘诀，我们了解到，这个群体里的大部分销售人员也是持有害怕失败旅行动力的销售人员。这两种旅行动力结合起来，使得他们加倍努力地传达自己的信息，希望通过加大力度突破障碍。他们的另一个反应是放弃手头的客户而用同样的销售方法奔向下一个客户。一位销售员总结了我们从许多人那里听来的说法，"当顾客说'不'的时候，我就转向下一个目标。因为 20 个拒绝我的人里，总能找到一位向我要宣传册，或者同意与我会面的人。这就告诉我，我取得了进展。"

这种热情值得称道，但当你审视销售统计数据时，这种打带跑的做法是可悲的。尽管骚扰客户这种做法不可取，但当潜在客户提出反对时，销售人员确实需要表现出一点自信，因为平均在一次销售谈话中，客户前 8 次都会拒绝承诺,最后才会同意购买。[66] 有句话说"闪电不会在同一个地方击打两次"。也许有些销售人员也认为只要他们试过一次就算完成任务,应该继续向前了,但是美国宇航局已经证明,闪电几乎总是多次击打在同一个地方上,[67] 销售人员也应该有此精神。

以下列出了在每次访谈记录中一致的行为特征,以及持有"闪电心理"旅行动力的人相应的行为模型。

最常被观察到的行为
1. 不可战胜 / 意志坚定
2. 生机勃勃 / 精力充沛
3. 大胆 / 勇敢
4. 直言不讳 / 畅所欲言
5. 具有挑战性 / 自信

你在这组行为中看到的是那种风度翩翩、气场强大的销售员。他们会挑起并享受争斗,他们会喜欢激烈的辩论。但是,如果卖家只使用人品诉求和理性诉求进行沟通,不管他们多么喜欢挑战、充满魅力,结果总是不如那些用情感诉求去展开和维持一次更难忘的讨论的销售员。同理心的技巧在哪里?倾听技巧在哪里?灵活机动的能力在哪里?这些他们都没有用到。

没有情感内容，推销只能集中在讲述事实和提出意见上。对此会做出反应的买家是那些已经在情感方面有所领悟，对自己的选择做了研究，可能已经做出偏好决定，现在只是为了核实实际情况和相关数据，并测试市场情况以确保他们喜欢的供应商是可选方案里不错的选择。

不管是在什么情况下，只有 3% 的顾客会像这样积极购买——其余的就不会了；[68] 7% 的人随时打算改变主意；30% 的人看到了需求，但还没有准备好行动；另外 30% 的人看到了需求，但对你的公司不感兴趣；还有 30% 的人没有需求。

最后，受"闪电心理旅行动力"驱动的销售员的机会十分有限，因为它只吸引那些快要下单的买家。如果你的产品是简单的、商品化的，顾客很容易理解它，他们可以在没有你参与的情况下完成大部分的采购步骤。那么，很显然的，销售过程是通过营销来创造知名度，使客户下单从而完成交易。在这种情况下，可能根本不需要销售人员，尤其是当数字化在我们的商业生活中占据越来越重要的地位时。

《销售力量》（Selling Power）杂志的首席执行官盖哈特·葛斯万德那（Gerhard Gschwandtner）曾写过一篇文章，题为《你有被科技取代的风险吗？》。[69] 文中他指出，手机最终取代了电话亭；小小的自动取款机取代了银行出纳员；自动应答系统取代了接线员；流媒体服务取代了录像店职员。他认为我们正处于一种"取代经济"中，技术正逐渐淘汰老旧的商业模式。

对此，群发数据服务 Jigsaw.com 的联合创始人加思·莫尔顿（Garth Moulton）认为：技术正助力将工作模式从面对面的销售人员作业转化为通过网站、邮件、聊天或电话销售的内部团队作业。他预计，随着实地销售慢慢转为非实地销售，成本会降低，员工数量会减少。研究公司 CSO Insights 的合伙人吉姆·迪基（Jim Dickie）表示，如果销售人员所能做的只是谈论产品，他们的工作肯定面临被取代的危险，他觉得传统卖家的角色需要相应地转变。

这是否意味着以"闪电心理"为旅行动力的销售员将日渐稀少，直至消失呢？

在产品简单且需求旺盛的行业中，客户在下订单前可以自行了解产品信息，卖家的角色几乎完全是行政上的，集中在处理文件上。逐利心切的财务总监很可能会用网页式的订单处理系统来取代这些角色。

然而，在产品高度复杂、科学或定制化的行业中，与专注于产品的专家讨论问题的能力很可能仍将是采购过程中的一个关键部分。我们看到，解说行业和私人定制行业的销售员在上述行业中可以如鱼得水，因为他们的推销词是围绕着人品诉求和理性诉求的，即以人和产品为中心。

麦肯锡公司（McKinsey & Company）的分析师提供了以下观点：

同一位销售代表就可以向所有买家推销所有产品的时代已经一去不复返了。由于行业整合、产品激增，以及买家越来越精明，销售人员被要求去销售越来越多的产品和解决方案。客户迫使供应商每一次销售的同时要带来充分专业的产品知识。其结果是，B2B 公司必须做出选择，是雇佣许多销售人员来销售不同的产品，还是增加一批销售专家来协助前线的同事？正如一位采购经理所说，"大多数情况下，纯粹的销售人员根本都不了我们，我们真正需要的是技术专家来设计正确的解决方案。"

看一看网络设备集团思科系统公司的经验。思科系统公司除了为众多领域诸如医疗、高等教育、制造业等提供虚拟交互解决方案外，它还为自己的客户提供"虚拟专家"服务。这一服务使全球销售专家的差旅费减少了 50%，每年节省数百万美元的费用。它使销售代表与客户相处的时间平均增加了40%，提高了销售代表的生产力，促进他们实现了家庭和工作的平衡。客户现在发现更容易找到销售专家进行咨询了。最终，销售代表可以花更多的时间在高价值的面对面销售活动上，例如与当前客户的复杂互动以及更加努力寻找新客户。[70]

我们清楚的是，抱有这些信念的销售员如果明确自己应该履行的职责，那他们就会在大批量的销售交易中有很好的表现。如果雇主给他们的定义、衡量标准和培训本身就是错的，是一个脱离现实的角色，那么问题必然就会出现。为何呢？比如说，一种新的销售培训概念正在流行（例如，将人们打造成"解决方案卖家"，让他们扮演纯粹的以产品为中心的角色）。要想拥有一支富有生产力和积极性的销售队伍，就得帮助他们觉得自己适合这个职位，这点很重要。要实现这一点，首先就要为不同的销售角色定义不同的、准确的职位描述，并且要用与之相对应的测量方法和薪资标准。常言道，"不要试图教猪唱歌，那只是浪费时间，还会惹猪生气。"正是这个道理。

同样明显的是，在端到端销售过程中需要情感诉求和说服力的地方，受闪电心理旅行动力驱使的销售人员无法取得成功。总的来说，这种销售情况最好由相信雷鸣心理旅行动力的销售人员来处理。

旅行动力 2："有力的沟通是展开持续和有意义的双向对话。"（雷鸣心理）

高绩效者会与他们的客户保持持续的、有意义和适应性的对话，因为建立信誉，是在对的时间和地点发现新的销售机会最可靠的方法，即使这种方法看不到立竿见影的效果也无妨。他们发现这么做以后，客户对后续所有供应商的评估标准都会受到他的行为的影响，他们因此获得了增量优势。他们会定期地将自己和公司品牌暴露在现有客户和潜在客户面前，因为他们知道，持续和重复的曝光（通过电子邮件、印刷品、电话、短信、会议和社交媒体上的帖子）就像山间的雷鸣——在最初的对话之后很长一段时间里，它会来来回回、上上下下地不断回荡。

正如一位高绩效者解释的那样："我的工作职责是让客户在探讨我公司提供的解决方案理念时，把我视为他们内部圈子里不可多得的人。要做到这一点，就得让他们了解我，信任我，并且看到我不是一个势利眼，不仅仅是在他们从我这里下单了以后才愿意为他们做事情。"

以下列出了每次访谈记录中一致的行为特征，以及持有雷鸣心理旅行动力的人相应的行为模型。

最常被观察到的行为
1. 擅长社交 / 爱交友
2. 慷慨大方 / 乐于分享
3. 富有挑战性
4. 迷人 / 有磁性
5. 鼓舞人心 / 积极性强

当我们向 500 名高绩效的销售人员问及：他们自己认为是什么原因导致顾客不从他们那里购买。大多数人会告诉我们类似的话："信息、观众或时机不对。因此，我会向他们提问，认真倾听，并利用我学到

的东西来重新校准。"路易斯·乔丹这样表达这一观点："当我第一次参与建立商业关系时，我没有认真倾听客户的真正诉求。不止一次，我偷工减料，做出臆断，自以为是。这是我在销售中学到的最有价值的教训之一。就像一颗子弹，失之毫厘，差之千里，所以做一个细致入微的观察者至关重要。不要想当然，也不要放弃。你最终必须做出判断，但不要过早地对任何给定的情况下结论。"

我们看到，闪电旅行动力使卖家倾向于更努力地推销，而雷鸣旅行动力则促使他们在深思熟虑后重新调整。举个例子，一位高绩效者花了10年的时间只为他的一个重要客户工作，在此期间他没有其他客户。他说："我的公司实际上让我搬到加利福尼亚去为我的客户工作。我从初级合伙人做起，并在这个职位上待了5年，在此期间我与客户保持着持续的有意义的双向对话。"你愿意鼓足勇气，比起闪电心理旅行动力，更多地采用雷鸣心理旅行动力吗？这名合伙人做到了，5年后他得到了回报。"客户公司到了轮值期，他们必须挑选一个新的客户负责人。因为我们之间建立的关系，我有了很大的优势，最终，他们希望我成为高级合伙人。在接下来的5年里，我以洛杉矶为基地，在全球范围内开展工作。没有前5年的付出，我就不会得到这个职位。无论是提供咨询意见、分享文章，还是做介绍，就是这些成千上万的小事构成了一段关系的基础。这些事情很重要，你应该不求回报的提供给他们。这不仅适用于客户和目标，也适用于同事和合作者。"

使用雷鸣心理的卖家比使用闪电心理的卖家更乐于听取顾客的意见。这可能很难做到，因为这需要你对自己的专业知识有一定程度的信心，并愿意花数个小时在倾听上面，尽管这么做带来的回报可能微不足道。最后，归根结底，这是一个信念的问题——一种认为这是发展业务的正确方式的信念。使用雷鸣心理的卖家更具好奇。出于好奇心和对对方真的感兴趣，他们问的问题也会更好一些。

甲骨文的哈里雅特·泰勒告诉我们："作为一个解决问题的人，我不会采取告诉或推销的方式。我在销售之前会利用我的个人魅力和社交技能来建立别人对我的信任。我是那种好奇心强、善于询问的人，会出于一颗想真正了解客户的心去问一些关于他们本人、他们的目标和面临的挑战的问题。这是至关重要的。"

她的方法是高绩效销售人员的典型方法。好奇心驱使他们提出高难度的问题，不仅仅是为了获得销售资格，而且是为了真正设身处地为顾客着想。他们大部分的时间用来倾听而不是讲话，并且表现出对另一方发自内心的尊重，不会设想自己作为销售员是智高一等的。

来自苹果公司的一位高绩效销售员分享道："我们应该把自己看作一名学生，去了解客户的业务，了解他们的客户、市场和竞争对手。从他们那里才能学到我们最想知道的东西。因此，我们必须倾听。"

路易斯·乔丹说："我认为与顾客感同身受是很重要的，这将让你离销售更进一步。如果你不在乎他们，他们同样也不会在乎你。让他人对于你的推荐将怎样为他们带来提升和优势以及更好的产出充满热情，这种能力非常重要。在你的事业不断发展进步的过程中，你当然可能会与比你更有经验的人共事，你应该向他们学习，从他们的经历中学习。要想成为一个好的沟通者，关键之一就是去观察。倾听人们构思和交流想法的方式；观察他们如何使用肢体语言，如何展示他们的倾听能力。要一边倾听一边观察。每个擅长销售的人都在某个时刻、某个地方学会了如何做到这一点。"

美国商业图书作家基思·罗森（Keith Rosen）向销售人员提出了以下问题："想一想你什么时候受到过正规的倾听培训，答案很可能是从来没有。我们当中很少有人受过专门的有效倾听技巧培训。大多数时候，我们都认为倾听仅仅是听客户说的话。现在，如果我们知道有效的倾听大有裨益，那为什么不去更好地倾听呢？可能是因为它需要集中注意力、努力工作、富有耐心，需要理解和复述别人的想法的能力，以及识别非语言交流的能力，比如肢体语言。倾听是一个非常复杂的过程，也是一种需要刻意地努力、领悟力和情感投入才能习得的技能。"[71]

他认为，有八个错误的行为限制了我们的倾听能力：

1. 与客户谈话的时候，你是否在想其他事情？**（心不在焉）**

2. 在同客户交谈时，你是否会稍作停顿，以便将语言组织一下再说出来？**（准备答案）**

3. 保持安静对你来说有多难？你会不假思索地说话吗？**（强迫性 / 冲动）**

4. 你是否会为了能发表自己的评论而假装在听客户讲话？**（埋伏）**

5. 你试过选择性倾听吗？你是否会根据自己的判断去听你想听到的事情？**（判断）**

6. 你是否意识不到对方通过肢体语言传递的信息？比如面部表情、眼神交流和语调。**（不完整倾听）**

7. 你是否允许环境中的背景噪音妨碍你的倾听？**（噪音性压力）**

8. 你是否根据过去的经验或与其他客户类似的情况，进行过滤性倾听？**（比较）**

基思还为成为一个更好的倾听者提供了八种方法：

1. 保持沉默，表明你在积极倾听，多多停顿。

2. 客户说话时切勿打断。

3. 全身心投入，收起你的电子设备。

4. 让客户有被倾听的感觉，比如这么回应："我听到的是……"或者"您接着说"。

5.做一个以解决问题为要务的听众,将注意力更多地放在预期的解决方案上,而不是出现的问题上。

6.听出别人没有说出口的话,找到言外之意。

7.抵制反驳的冲动,不要与客户争论。

8.倾听出可以为你所用的信息。

正如美国医生、诗人奥利弗·温德尔·霍姆斯(Oliver Wendell Holmes, Sr., 1809 年~1894 年)所写的那样:"说话是知识的范畴,倾听是智慧的特权"。

高绩效者对客户个人非常好奇,比如:他们的动力是什么、他们的兴趣点在哪里、他们想实现什么目标、为什么这个目标还没有实现、他们的阻碍是什么、如果无法达成目标会带来什么后果以及他们如何与组织中的其他人相处?除此之外他们还好奇,假如他们是董事会的一员,那他们将如何改善客户的业务情况?这些谈话围绕他们的好奇心展开,以倾听为主。

路易斯·乔丹向我们讲述了他职业生涯中最满意的一笔交易:"当我刚开始在一家大型专业服务公司工作时,我成交的一个最大项目大约是 25 万英镑。公司要我去一家保险公司见一个资历相对较浅的人。很快我就发现,这将是一个巨大的机遇,因为与我交谈的这个人显然将会在他公司里青云直上。我立马意识到我有机会与之建立真正的友谊。我倾听他谈话,与之产生共鸣。当会见结束,我准备回到自己办公室的时候,在出租车上我接到一通电话,得知我们这个项目的第一个阶段进展顺利,这个项目长期合作下去最终会带给我们数百万英镑的收益。某种程度上来讲这就是一场'革命'。客户那边这个项目的负责人连续两年获得最高奖金。20 多年后,我们成了终生挚友,他以我的名字给他的一个孩子取名。当然,我们也需要克服重重困难,但在我们俩的人生中，这都是一个分水岭。当我在出租车上接到这个电话，得知我们已经成功进入了第一阶段时，我还不太肯定，因为我不是合作伙伴。但没过多久我就成了合伙人，销售线形图骤然升高，我的业绩突飞猛进。因为他们需要的正是一位有同理心的人"。

高绩效者认为，他们的每一次讨论都应该在"一无所知"的状态下进行。"他们的杯子是空的，等着被倒满；而不是满的，等着被倒空。"

当然，也有可能，通过坦诚地讨论目标、障碍和可能的解决方案，卖家可以只靠概念就与买方达成交易，完全不用对买方将要使用的产品或服务本身详细说明。如果被问到技术性的问题，他们也能解答，但这不是他们的开场白。

如果公司实现了它的商业目标，那么客户的个人目标如何能够加速实现，这是大多数客户在你到访之前就已经在考虑的问题。由于大多数销售员只会谈论自己的产品，这时候如果你表现出对客户的利益感兴趣时，你的声音在喧嚣的人群中就会如雷贯耳、与众不同。谈话中的情感诉求就是在这时候产生：通过在对话中加入他们感兴趣的元素，给顾客带去他们真正关心的东西。先赢得他们的心，然后赢得他们的赞同。

哈丽雅特·泰勒建议，要注意大多数销售的达成需要征得多人的同意，因此谨慎的做法是考虑多人的利益。这需要高度的适应能力，因为解决方案可能因为各种原因需要满足不同的人。

"你必须获得共识。客户既希望解决方案是现成的，也希望它如量身定制般适用。关键是不要太早地将它亮出来，不要一开始就介绍你的产品，然后让客户产生这个产品不是他们心中所想的第一反应。你不将产品拿出来，他们自然想不出来它是什么样的"，哈丽雅特说道，"因此，你必须先掌握他们的看法，然后把你听到的与之相关的信息和你对他们行业当前或正在出现的趋势的了解联系起来。给他们一个理由，让他们把你当成一个专家，可以从你这里听到他们应该了解的稀缺知识。这样就将他们那些先入为主的想法都消除了。他们的'水杯'倒空了，你才有机会用你的'水'——一种让他们从现状走向梦想的想法——来填满他们的'杯'。"

像这样销售意味着将预先构建的陈述内容和解决方案视为参考，而不是固定的标准。这些高绩效的销售员讲述的故事和例子根据客户的不同而不同，并且，一旦意识到他们应该给客户讲的故事的关键情节点是什么，他们便会做出相应的调整。顾客很容易在听到与自己有关的独特故事时产生共鸣，并将自己视为故事的主角。研究表明，在任何陈述中，63%的人会记得故事内容，但只有5%的人记得数据信息。回想一下，你上次的销售陈述中讲的是什么故事？

在结束这一章时，我们将分享一个故事，这个故事无论是放在今天还是在1978年刚发生时都能引起强大的共鸣。故事是这样的，一位顶级销售员正试图做成他职业生涯中迄今为止最大的一笔交易。上一次他去客户那边面谈，还在餐厅等待那位客户的时候，在咖啡机旁，他和一位没有直接参与该项目的主管闲聊了起来。

这位雇员透露，他儿子所在学校的所有孩子都收藏了6英寸的星球大战玩偶，但他没能给儿子买到任何东西，因为这些受欢迎的角色在上架几个小时内就被抢购一空。他找不到任何冲锋队员，也没有欧比旺·肯诺比（Obi-Wan Kenobi），更别提带着斗篷的贾瓦人（Jawas）了。20世纪70年代运输还不发达，这些物品重新上架要花数月的时间。这个故事就是随口一说，闲聊，跟销售没有任何关系。

几周后客户公司的管理层改组，两个部门合并了，这次交易的决策权落在了之前在咖啡厅遇到的那位同事身上。我们的销售员一听说这个新老板是谁，就意识到他们早已谋面。这让他萌生了一个想法。

当他进去推销时，他在会议室的桌子上放了一张大纸，这是他前一天晚上用黑笔仔细画的。纸上画了一个由多个圆圈组成的图，这些圆圈用虚线连接着。圆圈上被贴上了"塔图因星球（Tatooine）"、"死星（Death Star）"、"叛军基地（Rebel Base）"和"战壕追击（Trench Run）"的标签，让人想起第一部《星球大战》（*Star Wars*）电影中的关键地点。

在他的公文包里，有一堆令人垂涎的《星球大战》人物玩偶和一把蓝丁胶胶条。他讲到客户组织如何第一次意识到变革的必要性，谁支持变革，以及哪些员工投入时间来实现变革。纸上还贴着 R2-D2（《星球大战》的机器人）、卢克·天行者（Luke Skywalker）以及罕见的欧比旺·肯诺比和贾瓦人的玩偶，旁边写着真正的员工的名字。他们正在处理的问题被不同颜色的笔草草地写在纸上。故事告诉他们要在心中设定一个目标，但首先必须在死星中打破不确定性、克服挑战。战壕追击的圆圈渐渐被突击兵填满，每个突击兵头上都粘着一个空白的标签纸。这个销售员坚持让房间里的利益相关者决定他们的首要任务是哪六个，并把这六个任务需求写在标签上。

在一次由汉·索罗（Han Solo）掌舵的超空间之旅后，英雄们抵达义军基地，这时销售员解释了他的解决方案。他在战壕追击这个圆圈里写下了供应商实施这个解决方案的过程，然后听众们开始讨论解决方案里的每个要素是否有能力击落在纸上昂首站立的突击兵。很有意思的是，大家都觉得这个方案应该稍稍改进，然后他们用欧比旺的塑料光剑和楚巴卡的弩枪砍倒了突击兵。

这位销售员问每个人实现这些结果的感觉如何，他把每个人的感觉写在他们的名字旁边，然后他在死星上画了一个红色的爆炸标志，写上一组数字，然后用大写字母标上"任务完成"。

当负责项目的经理问他们是否会收到正式的建议书时，销售员指着那张五颜六色的图纸说："（他指着义军基地）这就是我们要一起做的。（指着突击兵）这些是将会解决的问题，以及你们这么做会带来的感受。（指着死星旁的数字）这就是成本。你们知道去哪找我，请你们收下这些玩具吧。愿原力与你们同在。"说完他收拾好公文包，离开了。

他临走的时候看到那位经理的脸色变了——他恍然大悟，意识到原来这位销售员还记得几周前他们在咖啡机旁的闲聊，费尽心思找来这些很难找到的动作玩偶，还做了一次有趣的陈述，不仅回答了他们公司的问题，还解决了他作为父亲的需求。

这位销售员推出了最昂贵的解决方案，并且轻松取胜。多年后，人们仍然记得那次富有创意的陈述——竞争对手的闪电式推销一闪而过，早已被人遗忘，而这位销售员的雷鸣声却经久不息。

—

下一页是沟通力目的地信念的评估表。找一个安静的地方，思考这些问题，写下你的回答。这样做会让你踏上使用销售习惯之路。在此之后，我们提供了更多关于沟通力的见解，这些见解由我们为了研究而采访的来自世界各地的模范销售员提供。

我的沟通力评估

1. 八个限制倾听能力的错误行为中的哪一个，抑制了我真正倾听客户的能力？我以后应该怎么做才会与现在有所不同？

我的沟通力评估
2.我的话语在顾客听来是像突然的闪电,还是像滚滚的雷鸣?我想保持不变,还是想改变?(从理性诉求、人品诉求和情感诉求平衡的角度来考虑这一点。)
3.我对我的顾客有足够的好奇心吗?我会采取什么不同的方式来表现出对他们的兴趣?

高绩效销售员关于沟通力的更多见解

1.视每个利益相关者为独一无二的个体。计划好如何与人沟通,以表明你不仅仅把他们看成是另一个数字。每次联系前都要做好准备。设计你的问题框架,在问题中提及他们之前跟你说过的事情(或者他们在网上发布的观点),这样他们就会发现这些问题是为他们精心准备的。解释你的建议将如何促进他们实现个人或公司目标,询问这是否是他们想要的结果,以及实现这一目标对他们或他们的团队意味着什么。

2.通过做其他销售人员无法办到的事情来创造难忘的体验。诗人、民权活动家玛雅·安杰洛(Maya Angelou)说:"人们会忘记你说过的话、做过的事,却永远忘不了你带给他们的感受。"尊重他们,从小节做起。将会面地点选在他们通常没法去的地方。当你处在寻找潜在客户阶段时,邀请他们在黎明时分和你一起乘坐热气球,你的提问要围绕"鸟瞰""高空""下一层""视野"来展开；当你来到推销阶段时，将他们带到赛车跑道上，让他们体验一下快速奔驰的刺激，同时从速度、控制和加速方面进行推销。打印一叠大面额游戏钞，放在公文包里。在与客户会面到一半的时候请客户将公文包打开，然后将包里的东西倒出来。告诉他们，这堆洒落的钱就是你们的解决方案在实施的头一年带给他们的投资回报率。找机会将他们引荐给他们敬重的商业人士。找一本他们喜欢的书，请书的作者签名，并写点与他们有关的话，送给他们以表感谢。给他们打印一张牛肉分割部位图，把每个分割点当成你的解决方案能解决的问题。如果他们最终从你这里购买，就请他们出去吃一顿昂贵的晚餐，以纪念他们从"牛排老板到持股人"的转变。（如果他们从别人那里购买了，送给他们一套牛排刀作为安慰奖。）有创意的销售员知道如何用令人难忘的方式交流。虽然其中一些想法看起来极度疯狂，但它们都是由我们采访中的高绩效者提供的。如果你发现自己在想"那样肯定行不通"，那么也许你应该探究一下为什么你会持有这种抑制性的信念。假如那么做确实能行得通呢？

3. 最好的沟通者可以表现出真正的同理心。他们并不是生搬硬套地说"我知道你的感受"，而是更深层次的回应顾客，表明他们真正站在顾客的立场、真正理解并同情顾客，他们说话的语气、节奏和语调都会照顾顾客的情绪。如果没有与顾客类似的经历，无法体会到顾客的心情，他们就会问顾客："你感觉怎么样？""这给你带来什么样的影响？""怎么回事？"他们把这种时刻看作学习的机会。

4. 最好的销售员会透过表象、深度挖掘客户需求，并询问顾客产生这个需求的原因，为什么是现在需要，在此之前发生了什么变化？他们现阶段是怎么做的？他们喜欢这个产品的点在哪里？他们希望这个产品在哪些方面为他们带来改变？谁最需要这种改变？谁不想改变？这种本质的改变会给每个人带来什么样的体验？使用这个产品对他们来说是轻而易举还是困难重重？随之而来的风险是什么？如果不采取措施会有什么样的后果？如果采取措施就会有回报吗？这种机会什么时候消失？成功后是什么样的局面？他们如何判断自己找到了正确的解决方案？他们现在用的是什么判断标准？这个标准是谁制定的？谁影响他们的想法？这些问题是模范销售员用来使沟通顺利开展的一小部分。

5. 对你注意到的事情给予正面反馈。去发现客户做的让你欣赏的事，并告诉他们你很欣赏这种行为。也许是他们主持会议的方式，也许是他们提出的一个问题引起你的认真思考，也许是他们做的一次精彩绝伦的陈述，或者是他们部门做的一次慈善活动。有些公司的企业文化是领导者从不给出正面的反馈。所以你对客户的出色表现给予善意的褒奖就会像干旱沙漠中的绿洲一样引人注目。

6. 不再将 PPT 作为一贯的陈述手段。你的营销团队可能喜欢格式化和内容化，但是你的客户需要的不是听你叙述，他们希望能参与讨论。如果你在陈述的时候拿着纸和笔，或平板电脑和触笔，或马克笔和白板，他们会认为你是更有激情、更成熟、更有创意和更专心的销售员。

你在想什么？

心理学家说……

我们每天都通过各种渠道进行交流，然而有效交流的力量却总是被忽视。作者 S. F. 斯卡德尔（S. F. Scudder）在他的沟通理论中讲道："地球上所有的生物都在沟通，尽管沟通方式不尽相同。"[72] 想想看，作为人类，我们天生就会说话，但是动物会用声音和动作来沟通，孩子们在会说话前也知道用哭声来沟通，植物在需要浇水的时候也会呈现出明显的变化。按照这个准则，从心理学的角度来看，当我们在沟通的时候，不仅要考虑对方传达给我们的言语信息，还要考虑对方的内心想法、感受、态度和反应。

对于销售员来说，有必要考虑你的沟通对象是什么样的人，以及如何调整沟通方式以投其所好。比如，他们喜欢详细的介绍和说明还是简单的事实陈述？喜欢长一点的邮件内容还是简短的？他们更喜欢通过电话沟通吗？他们喜欢在谈正事之前先唠唠家常吗？这些都是与客户、利益相关者或同行沟通时需要考虑的事项。有时一个简单的问题，比如，一句"我该怎么联系你？"就能确定对方喜欢的沟通方式。客户是否更喜欢通过邮件、电话、短信、社交媒体等方式来沟通呢？无论采取哪种方式，一定要确保你与之沟通的内容清晰、准确。不管是在快要成交时，还是在商谈费用或者提供你的观点和看法时，清晰沟通都至关重要，一方面能够避免信息混淆，另一方面能确保你对你预期的结果产生最大的影响。

关于沟通力的最后一句话

乔治·H. W. 布什（George H. W. Bush）失去美国总统职位的那一刻

在 1991 年总统大选的最后一场电视辩论中，时任总统老布什正在回答有关美国经济状况的问题。主持人邀请一名女观众向老布什提问，这位女士以她个人观察到的一些情况作为开场白。她谈到了她的家乡，谈到那里的人们正在陆续失业。她谈到了自己的家庭，家庭中有一些人没有工作，并且几乎没有就业希望。她谈到这种状况造成的艰难和痛苦。

电视镜头切换到布什总统，刚好看到他瞥了一眼手表的画面。之后他定了定神，开始对提问者表达自己的同情。接着他谈到了"全球经济力量"，谈到了"宏观经济政策"，谈到了"政府政策"。他口才伶俐、知识渊博、自信满满。此时的他是仪态大方的总统。

他的辩论对手、候选人比尔·克林顿（Bill Clinton）受邀发表评论。他朝那位女士走去。他说他感觉到了她的痛苦。他也有失业的朋友。他了解她的家乡，因为他的家乡情况也是如此。他善解人意、语调平和，说话通俗易懂。此时的他是有感情的人！

辩论现场的观众把这一切都看在眼里。在家收看节目的观众也有同样的感受。此后不久，比尔·克林顿被选为美国第 42 任总统。

目的地信念：

成功人士是有影响力的（沟通力）

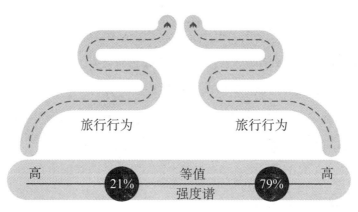

旅行行为　　　　　　　　旅行行为

高　　　　　21%　　等值　　79%　　高
　　　　　　　　　强度谱

旅行动力 1
有力的沟通是清晰、
简洁地传达信息
（闪电心理）。

旅行动力 2
有力的沟通是展开持续
和有意义的双向对话
（雷鸣心理）。

相比第二种子信念，57% 的受访者更强烈地持有第一种子信念。

43% 的受访者更强烈地持有第二种子信念。

61% 的受访者表示，即使当顾客仅仅对某条销售信息给出的回复不够积极时，也肯定是因为他们，即销售员自己，沟通地不够清楚。

交流电的电流是可逆的，而直流电是单向的。交流电可以远距离传输电流，提供更多的能量；而直流电传输的能量非常有限。因此，交流电在家庭和工业中更受欢迎，而直流电更多用在由电池供电的电子设备中。电池的问题很明显，那就是他们的电量必然会慢慢地耗尽。他们的电流越来越弱，必须被更换掉或者续电。如果你的沟通只是简单地传递信息，而没有停下来检查信息是否被接收到，那么你就像那些释放电流的电池一样。成功的沟通，就像交流电，必须是双向的，这么做才能远距离创造持续而有意义的对话，从而提供更多的能量。

43%的受访者意识到建立人际关系比进行交易更重要（因为发展长期关系能帮助他们变得比自己想象中的更好）。

100%的高绩效者大部分的时间用来倾听而不是讲话。

100%的高绩效者对销售行业充满好奇心。他们对自己的表现和如何改进感到好奇。他们不断地学习、适应、改变。

The Salesperson's Secret Code

—

Chapter

7

销售人员如何拥有自己的销售习惯

在前几章中，我们探讨了 5 个目的地信念和 10 个子信念（旅行动力）。我们发现，所有销售员同时拥有两种旅行动力，而高绩效者的习惯是，他们保持着每一种"旅行动力"的特定强度组合。让我们回想一下旅行动力的最佳平衡点，如下所示：

最佳旅行动力强度

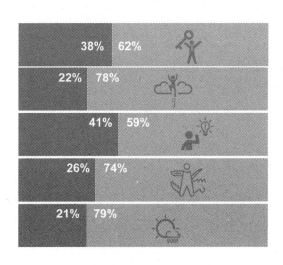

实现力
（恐惧心理 vs 欲望心理） 38% 62%

控制力
（受害者心理 vs 英雄心理） 22% 78%

复原力
（努力工作 vs 聪明工作） 41% 59%

影响力
（大猩猩心理 vs 游击心理） 26% 74%

沟通力
（闪电心理 vs 雷鸣心理） 21% 79%

图8 5 个目的地信念与最佳旅行动力强度

你的强度平衡可能与之契合，也可能有所不同。你当前的动力平衡与位列前 5% 的销售员展示的理想平衡之间有差异，这种差异形成的三角区域代表了如果你想变成最好的销售员，为此，你可能需要转变的信念和动力的大小。结合现状，你也许能总结出自己的"习惯三角洲"。读到这里，你有理由认为这本书很有煽动性，值得反思。本章的其余部分旨在帮助你改变当前的一些信念和动力，并使你能够效仿（模仿）其他人，这些人在你看来拥有你梦寐以求的品质。

此时此刻你还没有一种具体的测量方法来测算你的"习惯三角洲"，因此这本书的作者们研发了一种心理测量仪器，它提供了准确的测量方法。详情见 www.salespersons-secret-code.com。有了对自己的旅行动力平衡的精确测量，你将拥有一幅清晰的路线图，一路指引你走向目的地。

"通过赞美，别人身上的优点就会成为我们自己的财富。"

伏尔泰（Voltaire）

1694 年～1778 年

成为"效仿者"

高绩效者是我们的楷模。我们知道,排名前5%的销售员之所以成功,很大程度上是因为他们的信念促使他们按照符合他们的旅行动力强度的方式去思考、行动。本书中重点讲到的那些模范销售员提供了精彩的销售案例,来说明他们是如何应用这些信念从而实现最佳平衡,最终取得成功。他们自己找到了每种信念中两种旅行动力之间的最佳"张力",使他们在销售中独占鳌头。

你可能会想,"那对他们来说固然很好,因为他们已经破解了秘诀,但是我该怎么做呢?"有一个简单的策略,那就是:下决心向我们的楷模学习,并运用他们的一些技巧。许多伟大的发明家和思想家发现,最好的创意往往是窃取来的,加以改进即可。你可以随意从你在这里读到的东西中偷取任何你想要的想法。试想一下,如果世界各地的每一位销售员都采纳了我们所了解到的一两种观点,并使他们的强度平衡更接近我们现在所知道的"最理想点"的位置,那么全球销售业绩会有多大的改善。就像在数字流媒体时代以前为一台老式收音机调频一样。刚开始你听到的是白噪音,当你转动电台旋钮时,你听到了你要找的频道发出的微弱声音,然后你继续转动旋钮,突然,这就对了——一个清晰而强烈的信号传来。何其相似!当你转动内心的旋钮时,可能需要一些时间来找到属于你自己的清晰而强烈的信号。但它就在那里,向你传达着信息。最适合你的旋钮一直在为你等待!

当我们借鉴别人做过的一些行为时,我们称之为"效仿"。任何读过这本书的人都可以效仿。我们知道这一点,因为终此一生我们会一直有意或无意地效仿他人。这就是我们学习和成长的方式。你会效仿你的父母,甚至有可能还在效仿着;你会从老师那里学知识;你会从同事那里学到如何完成工作任务;在你的生活中能让你效仿的人肯定很多。正如斯蒂芬·桑德海姆（Stephen Sondheim）在音乐剧《拜访森林》（*Into the Woods*）中所写的那样："言语要小心，孩子们会听；行为要小心，孩子们会学。"

我们每个人都有对某个人或某件事表现出好奇心的能力。我们都可以停下来观察、倾听别人的行为举止。我们邀请你做的就是让你去刻意地、有意识地效仿。在日常生活中，你可以把这些信息算作自我了解的一部分。

效仿的 6 个步骤

1. **将注意力集中在你从某个人身上观察到并想效仿来的一个具体方面**。比如，你可能想成为一个具有更多游击心理和较少大猩猩心理的人（参见第五章：影响力），并且钦慕某位同事能对他人产生影响力。那就是一个你想效仿的技能。确定他们的行为或才能对你和其他人产生的影响是什么。你看到、听到和感觉到的又是什么？当你这么做以后，你就发现了第一个因素："哇"。第一步就是："什么"、"谁"和"哇！"。

2. **观察他们**。观察他们如何工作；如何与人交谈以及他们的行为产生了什么样的影响；观察他们走路的方式——也许是充满自信、昂首挺胸的。你可能会发现，当他们这样做的时候，其他人似乎也获得了自信。第二步是观察"如何做"。

3. **询问他们**。邀请他们想象自己在使用你观察到的才能，听听他们的见解。你一定要明白，他们可能需要一点时间才能给出自己的见解，因为他们自身可能没有意识到你观察到的这些才能。提问要用现在时，并请你的榜样描述一下下面这些与完成某项任务相关的内容：

a. 你周围有什么?

b. 你在干什么?

c. 你在说什么?

d. 你用的是什么才能?

e. 在这一刻,对你来说真正重要的是什么?

f. 你会怎么描述自己?

让我们结合步骤 1 和 2 来举例说明。你可能会问你的榜样:"当你昂首阔步地去参会时,你能描述一下当时的想法吗?"让我们假设他的回答是,"我是一位脚步稳健的主题专家。我会倾听客户关注的事情,并回应客户,表明我充分理解他们的处境。我会促使他们把我当成盟友。"听到这里也许你已经发现了你自己能用到的可以让你稍作改变的东西。他们描述的就是游击心理的特征。如果被问到同样的问题,你会怎么回答呢? 在观察自己的行为时你能否发现自己的大猩猩心理特征呢? 这时候你也许就发现了一种"调整自己的内心旋钮"的方法了。第三步是"询问"。

4. **反思你从观察和谈话中学到的东西**。然后,站在榜样的立场上,抛开你可能持有的任何先入之见。假设他们的言行举止现在就是你的言行举止。就是这样! 第四步是"做"。

5. **评估**。当你效仿了你的榜样的行为时,看看这些行为中的哪些方面对你起到了作用。摒弃那些明显对你没有帮助的东西。当你在效仿一个新的行为时要完全投入角色并保持角色意识。

6. **调整和适应**。记下你效仿的一切情形——过程、行为、语言模式等。让这种效仿最终变成你自己的东西。让它成为你的一部分。这可能需要时间,慢慢来。[73]

以下是对这 6 个步骤的总结。

图 9　成功效仿的 6 个步骤

如今我们生活在一个所谓的"VUCA 时代"，即这个时代具有易变性（volatility）、不确定性（uncertainty）、复杂性（complexity）、模糊性（ambiguity）。曾经确定的东西现在也变了。技术飞速发展和全球化产生的影响是不可预见的，而且往往令人迷惑，其最终的后果神秘莫测。现在，很显然，我们需要不断学习和发展才能成功地指引自己前进，这种需求前所未有。是选择效仿还是不效仿——这都取决于你自己。

关于信念

这项研究是关于信念的。我们最优秀的销售人员持有这些信念，这些信念促使他们以某种方式行事，这些行为会产生特定的结果。但是到底什么是信念？为什么了解我们的信念？了解我们持有这些信念的原因为何如此重要？

让我们用一个表述开始："如果我在寒冷的冬天不戴围巾，我就会感冒。"

事实确实如此吗？还是并非如此？在你小的时候，你的父母是怎么教你的？当然，这很大程度上跟你成长地的地理位置、气候等有关，但我们都会同意这个观点：如果我不戴围巾，那么我可能会感冒，也可能不会。如果真的感冒了，那么也许这个表述就是对的。如果没有感冒，那也许只是这一次而已，下次可能会感冒。我仍然坚信：在寒冷的天气不戴围巾是一件冒险的事情。

你可以很容易地注意到，关于冷天、围巾和疾病的陈述不是事实，也不一定准确，而是一种信念，是盲目的确定，总之是一种情感认为的事实。这就是信念。不戴围巾就意味着必然会感冒，正如白天过后必然是黑夜一样，因此，如果我在 11 月到次年 3 月这段最冷的日子里忘记戴围巾，我就会生病。你可能会嘲笑这一假设，你也许会大呼"太荒谬了！"但不管怎样，这就是信念，你要么相信，要么不信。

信念是情感上的观点，是我们认为的事实。[74] 信念为我们提供了施展某些才能或技能的动力。它们可能促进或抑制某些行为。它们对我们的自我意识、自我定义以及我们行为动因有很大的影响。

这就是我们可以在高、低绩效者之间观察到显著差异的原因，这也使得模范销售员取得成功的原因变得显而易见。

预设就是我们常常自认为对的事情，这个事情既有可能是关于自己的也有可能是关于别人的。我们常常认为对自己和他人都是正确的事情就是预设。我们假设它们是真实的，以支持这种假设的方式行事，然后当我们发现这种假设确实奏效了，我们就会将之强化为一种信念。人类最严重的暴行 [大屠杀（the Holocaust）、宗教裁判（the Inquisition）、种族隔离（Apartheid）等等] 和最美好的时刻 [联合国的成立，尤里·加加林（Yuri Gagarin）成为第一个太空旅行者的那一天]，或者鲍勃·格尔多夫（Bob Geldof）不可动摇的信念——音乐可以帮助埃塞俄比亚消除饥荒，这些都源于信仰。因为相信，所以行动。信念是我们的核心。

出于这个原因，我们早先便邀请你思考过一个问题，那就是：你的信念是如何对你想要成为什么样的人——销售员、销售主管或其他角色——产生影响的？但是，我们如何开始改变当前我们对自己、对我们所处的世界的预设呢？让我们回到围巾和寒冬的问题上来。我如何打消围巾对我的健康至关重要这个信念呢？好，我们想象一下如果我敢于在一个冷天不戴围巾就出门，会是个什么情形。我可能会感觉到阵阵寒气钻进脖颈，并且非常喜欢这种感觉。我可能会心存感激，因为没有被围巾紧紧裹住的我觉得自在了很多。我可能会突然注意到，大街上还有很多看起来很健康的人也没有戴围巾。这就是"相似法则"——我们注意到那些和我们相似的人，也想和他们一样。简而言之，为了开始改变一种信念，我可以试探性地"尝试"另一种信念。如果它真的让我感到痛苦和苦恼，我大可重新戴上围巾。诀窍是敢于尝试！是什么阻挠我这么做呢？是因为我害怕自己会更喜欢不戴围巾的生活吗？

尝试新信念

1. 选择你想要靠近的一个旅行动力，从而使你持有的各个旅行动力的强度重新达到平衡。回顾第二章中的"实现力"。你想要靠近的旅行动力是哪个？你可以选择旅行动力 1，朝着不害怕失败靠近（"我认为失败是一个学习的机会"）。或者，你也可以选择旅行动力 2（"我要给自己一个惊喜，让自己变得聪明起来"）。让我们假设你选择了旅行动力 2。那会是什么样？当你给了自己一个惊喜的时候，发生了什么？也许你得到了一个梦寐以求的新客户；也许你已经将年度销售总额提高了一倍；也许你在一个非常具有挑战性的市场环境中实现了目标。是什么让你获得了不一样的成就和体验？

2. 现在，想想另外一种情形，一个你很聪明的时刻。那是什么感觉？你当时在哪？发生什么事了？你做了什么了不起的事情？当你周围的人亲身体会到你的才智时，他们看到、听到和感受到的是什么？我们称这一过程为"联想"。你在联想一个时刻，当时你展示了自己的特质、技能、才华，做出了你现在想重拾的行为。当我们发现本以为缺少的行为其实我们早已拥有，是不是很有趣？

3. 回想表现出色的时刻有助于你保持那种感觉，我们称之为"定格"。当你回想这种感觉时，你可能会摸摸你的结婚戒指或者手表，可能会闭上眼睛。有时候，在你定格时，这种感觉可能会消散。这很正常，这时候你就停止原先的定格过程，暂停一下，过一会儿再重新回想。有时候需要"尝试"好几次才能成功地定格。

4. 当你为自己完全回想起那些表现聪明的时刻而高兴时，当你认为自己本就聪明的时候，重新与旅行动力 2 联系起来。现在允许自己思考以下问题：

a. 你所处的环境——你在哪里，它是什么样的。

b. 你的表现——清楚地表明你很聪明或是令自己都感到震惊的言行。

c. 在这些表现出色的时刻你展示的是什么才能？

d. 什么对你很重要，了解这一点又是如何促进你的行为、激发你的潜能的？

e. 这种感觉如何影响你对自己的认识？是什么在转变、移动、演变？

f. 现在你在哪些方面产生了更广泛的影响？也许当你表现得很聪明的时候你便成了别人的榜样，或者你正在为整个行业的业务运作定下基调。

不断重复这一过程很重要——我们就是这样适应不断学习和成长的循环过程的。随着时间的推移，我们自己的信念往往在不知不觉中改变了。伴随信念而改变的，还有我们的行为。我们成为新信念的化身。总的说来，这一切之所以能发生，都是因为我们允许自己做出改变。

　　温斯顿·丘吉尔（Winston Churchill）爵士曾说："提高就是要改变，而要达到完美就要不断改变。"[75] 我们也许永远达不到完美，但是我们可以相信尝试是件好事。如果持有这一信念，我们就可以承认，我们过去所做的事情也许不能带来未来的成功。我们也相信改变是好事这个前提。因为，说不定我们能变得超乎想象的好。正如阿尔伯特·爱因斯坦（Albert Einstein）所说："唯一的失败就是你不再尝试。"[76]

Chapter

8

管理者如何培养高绩效销售人员

销售行业擅长开发促进销售的东西——客户关系管理系统、大客户管理流程、战略关系映射和多彩多样的宣传册。这些东西里面有许多都很不错，对任何地道的专业人士来说都不可或缺。我们这些从事销售的人将会得到销售技能培养——如何展望未来、如何提问、如何提出建议以及如何展示我们所带来的价值，这也已经成为一种公认的准则。同样公认的还有，不能让不合格的销售员为顾客服务。从销售领导者的角度来看，除了关注流程和技能，我们现在还要考虑第三个因素，那就是信念，因为我们现在深切意识到，我们内心根深蒂固的信念会通过行为表现出来。"销售转型"是当今管理词汇中的一个术语。如果在实施任何流程或者技能转变的时候没有事先去知悉习惯的存在，就试着将自己的销售团队与前5%的销售楷模相比较，那么这种转变就是高风险的。这种方式的转变就好比蒙着眼睛、漫无目的地开车，朝着一个你根本不知道是否存在的地方驶去，就算你能完好无损地到达目的地，也很可能无法认出它来！现在，销售管理者和领导者能够专注于他们的角色，知道如何去对员工的成功产生影响力，也能在很大程度上影响客户对公司的满意度。这里有三个方面需要考虑：

1. 销售的秘诀是什么？为什么它很重要？为什么它会对我及我的团队产生重要影响？这种重要性和影响如何体现出来（这个问题本书已经提供了答案）？

2. 我的团队成员的个人动力平衡与排名前5%的销售员的最佳动力

平衡之间的差距是什么？（本书作者研发的心理测量仪器可以提供帮助，详情见 www.salespersons-secret-code.com）

3. 根据心理测量学家的观点，每个销售人员会对他们的信念和行为做出哪些调整，从而改变他们当前的"旅行方向"？对此我该如何发挥作用？我可能需要公司内部的利益相关者和外部领导者提供哪些帮助？

这本书首开先河，为我们解释了销售员没有对自我、对客户或对销售本身的信念时，任何事物——强势的品牌、优质的产品、低廉的售价、鼓舞人心的培训、变革性的指导或新颖的销售方法——都无法促使销售员取得成功。任何阅读这本书的销售管理者和领导者都能举出自己公司中不断成功的销售员的例子。与此同时他们也能想到那些卖着同样的产品或服务，有着相似的技能水平，但却看起来对自己或产品没有相同的信念的销售员。当我们怀抱信念时，我们往往会采取行动。尽管机会相同，但最终的结果可能会大相径庭。

这种现象并不是销售行业所特有的，它在人类社会的许多其他方面都可以看到。当作者们即将完成这本书的手稿时，一个体育运动的例子在足球界赫然耸现。在 2015–2016 赛季，莱斯特城足球俱乐部以 5000 ：1 的赔率赢得了英超冠军，这是一家上个赛季差点降级的俱乐部，但却以 81 分的成绩夺得联赛冠军，比排名第二的阿森纳多出 10 分。然而仅过 9 个月，这支球队就堕入降级区，不断输球，成绩急速下滑。降级的风险越来越大。当你读到这篇文章的时候，你就知道莱斯特城的 2016–2017 赛季是如何结束的了（你也可以谷歌一下）。但这里的重点是：命运遭受如此灾难性的变化，球员（实际上还有教练）是否突然变得不擅长踢足球了？不大可能。是比赛规则变了吗？不是。是因为联赛中的所有其他俱乐部在休赛期突飞猛进，导致莱斯特城一败涂地吗？也许有几家确实进步了，但肯定不是全部。

也许真相要简单得多。没有人料到莱斯特城会在那个赛季取得如此巨大的胜利。然而，在接下来的赛季里，这种期望值就增大了。也许在那个赛季里超常发挥的球员们在某种程度上害怕了，这使得他们在接下来的比赛中不知所措。也许，这支球队并没有使用2015–16赛季掌握球队命运时用到的方法，而是允许球员们抱有第二年会是一场糟糕的比赛这种自我应验预言。他们又回到了普通的状态中，也许那次大获全胜只是昙花一现——球员们相信了这一点。

对自己的信念有助于我们定义自己。当我们的信念被动摇或挑战时，如果这个信念本身未经深思熟虑甚至未经思考，那么我们就会动摇。让我们回到销售中。我们回忆起一位客户，在写这本书的时候，我们正在指导他的销售团队。这个团队中有一个我们称呼为保罗（Paul）的销售员，他在公司排名的最后20%中苦苦挣扎。他和蔼可亲，乐观向上，工作时间长，对公司的产品细节了如指掌。我们录下了他与客户的销售谈话，分析师们听着这些谈话，以寻找他的模式：在哪些方面一直做得很好，哪些方面习惯性地忘记或没有勇气去做，以及他的技能在哪些方面时好时坏（今天表现很好，第二天就没有了）。

经过几个月的培训，保罗的技能商数开始增加，他的销售风格也开始改变：他很快停止了对产品信息的讨论；他学会了让顾客说话，而他则倾听和解释；他开始用风险和价值来量化客户的需求；他的信心上升了，在谈判桌上的地位也上升了。在本财年的头半年，他占据公司排名榜首的位置——不容置疑这是一次成功的转变。

之后他的祖母离世，他受到了沉重的打击。为了从悲伤中走出来，他不得不延长假期。几个月后，当他回来工作时，他的看法发生了变化。

失去亲人的痛苦和恐惧将他彻底吞噬了。他陷入恐慌中，他的情绪复原力被耗尽了，与客户、同事的沟通也受到影响。和失去亲人相比，工作上的担忧现在看起来是那么苍白和无关紧要。他开始参会迟到，或者直接缺席，一点一点不断地失去控制力。上一次提升过程中获得的政治资本或者说影响力现在变得越来越弱。

保罗早就证明了他有能力成为这个行业的佼佼者。他所在公司的产品、营销渠道和产品定价没有变，他所在的行业也呈稳步发展趋势。他仍然有私人销售导师、产品培训师，他的经理仍然对他关怀备至，人性化的人事部愿意付出所有努力帮助他振作起来。尽管今年早些时候他还有所成就，但他还是萎靡不振。他完全能够成功，但是他的能量耗尽了，他的信念体系也崩塌了。

后来，保罗走出了低谷，他借鉴了这本书中的信念体系，现在他已经进入了公司前 25% 的行列。这里用他的故事来强调信念很重要这一事实。信念是实现一切的基石。

关于销售管理者和领导者在解锁习惯方面的作用，这里带给我们什么启发呢？首先，管理者和领导者在为销售人员创造合适的环境促使他们成功方面的作用非常明显。基于我们对高绩效者的访谈，他们在解释这个习惯时，都没有对他们所处的管理环境给出负面评价。每个高绩效者都谈到，他们很清楚公司期望他们实现什么，有什么样的表现，也很清楚他们应该遵循的流程，以及他们现有的系统的运作方式。对他们来说，所有这些都是给定的，是一个"保健因素"。这里为管理者和领导者提供了最具实践意义的课程。创造最有利于销售人员成功的环境，直接关系到帮助他们拥有目的地信念和旅行动力的最佳强度。现在我们基于 5 个目的地信念来分别探讨一下这个问题。

1. 实现力方面

如果一个管理者创造了一种居高临下和层层约束的环境，每次销售员越轨行事时都给予指责，或者告诉销售员一个结果，但不会询问他们的意见或者与他们讨论。这样我们就创造了一个"完美的"环境——把人们推向害怕失败的旅行动力这一边。的确，这可能也会促使人们达到销售目标，但他们做不到那些相信"我能做得比想象中更好"的人能做的行为，正如我们从高绩效者那里看到的那样。而且很明显这种环境只会带来短期效应，最终可能会导致销售员走向自我毁灭，因而这是不可持续的。

只要你公司的企业价值观和流程仍然存在，你就应该鼓励你的销售员去尝试和冒险。让他们看到你对他们的信任。不要因为错误去指责他们，而是安慰他们，把每次错误当成团队的学习机会。只有反馈，没有失败。这是一种信念，不是事实；但是只要管理者把它当成真的，那么他们就会帮助员工沿着"不害怕，变得更好"这个旅行动力前进。

2.控制力方面

必须总有某人/某事对成功负责，这就是控制力目的地信念。很明显，任何一位称职的销售管理者或领导者都会努力创造一种环境，期望每个人都能做出对成功负责的行为（英雄）。当然，我们所有人都会面临一些痛苦的时刻，那时候我们会把造成不良现状的责任怪在任何人或事情上，唯独不怪自己。有时候事情是我们无法控制的，但当我们让员工觉得他们可以化担心和焦虑为积极的行动，并让他们意识到，最终这个责任还是需要他们自己来承担的时候，我们给自己打上了管理者和领导者的标记。在下一次销售会议上，邀请团队成员回忆他们正面的销售经历。邀请他们回忆他们自己克服了什么挑战，是如何做到的，以及成功的感觉是什么，这样他们就能回忆并分享这些积极的情绪。同时提醒你的团队，他们正在关注的是他们能够控制和影响的事情。因为我们很容易进行与无法控制的因素相关的对话，而这些谈话消耗精力，具有传染性，只会给大家带来更多的苦恼，所以，作为领导者，你要制定一套公认的标准，杜绝这些对话发生。回忆以往的成功案例产生的力量，会增加再次成功的可能性，也会降低人们使用受害者心理的可能性。

让他们走出自己的舒适区。邀请他们主持销售会议或完成渠道评估工作；安排销售人员与流失的客户进行面谈，了解他们为什么停止购买或更换供应商；让最有经验的团队成员指导新人；用他们自己的最佳成绩来激励他们做得更好。在进行这些和其他具有挑战性的活动时，你传递出这样一个信息：你的期望是，我们所面临的每一个挑战或问题都有解决方案，我们拥有应对这些挑战所需的所有资源。"行动驱散恐惧"是一个管理准则，它确实能使人们从受害者心理转变为英雄心理。

在为英雄心理创造良好的滋生环境时，将关注点放在积极的观点上很重要，有时候还需要完全排除中立的观点。电话沟通得怎么样？还有呢？还有呢？（然后把问题停留在"什么地方应该能做得更好"上）对一群销售人员来说，一个强有力的练习就是让他们写下昨天完成的7件事。你会注意到有些人很容易就写出来了，而有些人只能交白卷。现在你就知道你需要为团队里的哪些人树立成就意识，从而培养他们掌握自己命运的能力了。

3. 复原力方面

作为一个管理者和领导者，你希望你的员工表现出良好的职业道德，希望他们努力工作以获得良好的结果。然而，正如我们所看到的，表现最好的人，也是聪明工作的人。如果你帮助你的员工发展、学习和探索极限，你就会开阔他们的眼界、视野，为他们设定更高的标准，这个标准也许比你为自己设定的还要高。不要因为他们可能会获得你尚未拥有的东西而觉得不适。优秀的领导者身边都是比自己优秀的人。

这样做，你将创造一种鼓励学习的氛围，并使聪明地工作这种思维茁壮成长。你永远不可能在智慧上成为垄断者。在一个重视创意和创造力的环境中，当困难来临时，你和你身边的人都将用最好的状态，齐心协力在波涛汹涌的大海中航行。

有件事我们可以肯定，那就是这个时代的易变性、不确定性、复杂性和模糊性都将一直存在。在这种背景下，管理者和领导者，作为期望员工的行为符合努力工作和聪明工作环境的人，其角色显得至关重要。要求你的员工采取"敏捷行为"，以便让他们更好地实现复原力目的地信念，持有这种信念的人认为挑战和逆境必然存在。我们的研究表明，行为缺乏灵活性的销售员认为克服挑战的唯一途径就是努力工作，结果就会不太成功。敏捷行为包括以下能力：请求反馈、不断学习和重新评估自己、工作中使用"经验法则"、不过于固执、展示良好的情商、关注人和情境，而不是依赖感知到的专业知识或流程。

我们知道，压力既可以带来不良影响，也可以使人受益。当然，一个好的管理者和领导者的角色是与我们的员工保持足够密切的关系，以便及时发现不良压力在何时开始占上风，并采取行动。同样，确保适量的"良好压力"存在，意味着我们拥有一种竞争性的、延伸性的、挑战性的和有合理期望值的氛围。总之，问题是：我如何向员工灌输能鼓励他们表现出创新和创造性思维、经营好个人幸福并在需要复原力时帮助他人的思维方式和行为？

4．影响力方面

影响力目的地信念，意即成功人士是有影响力的。正如我们所了解的，一些人更喜欢遵循一种以力量影响为核心的旅行动力，而另一些人则更喜欢通过一些灵活的方法来产生影响力。在两种旅行动力同时存在的情况下，销售管理者和领导者是如何影响环境，从而使得它们朝着最佳平衡发展的？解决方案之一是确保你能通过共享的价值观和动力创建一种信任文化。说你要做的，做你说过的。在奖励和任何必要的惩戒方面保持一致和公平。告诉他们什么时候该坚定，什么时候该妥协，什么时候该说"不"。支持他们的选择。考虑邀请你的销售团队签署一份公认的价值准则，从而形成一个公认的标准，其中包括对彼此、对组织和对客户的正直和诚实。

采取科学的激励方法，先弄清楚每位团队成员的动力是什么，然后对症下药。也许他们需要更多的知识储备，或者渴望一个和谐的环境、更多的人脉，或者社会福利、权力、成功、成就，甚至金钱。有些销售员在听到一个你认为他们无法胜任的远大目标时会充满动力，他们的动力可能仅仅是为了证明你错了。重新读一读本书的开头部分，思考一下，现在你将会如何利用员工的不同动力。

言行一致：你希望你的销售员有什么样的行为，自己先做这种行为的典范。这意味着要掌握所有的行为艺术，从讲故事，到展现好奇心，到倾听，再到个人抗击能力。我们没有时间去做大猩猩和闪电的化身。言行一致就是要作声音如滚滚雷鸣的游击队员。

上述所有想法都向你们的员工发出了明确的信号。他们观察和体会着你用"大猩猩才能"施加影响力的情形。他们也注意到你展现"游击战才能"的时刻：当你巧妙而灵活地调整思维和行为，展示自己因地制宜的管理和领导能力的时候。为了创造这样的环境你需要有一些能够开发员工潜能的举动。一旦他们相信自己有才能（并认可其价值），他们就更有可能成为你预想的销售员。

5.沟通力方面

沟通力的意义在于它所产生的效果，而不是它所传递的意图或愿望。这是另一个信念。如果我们认为这是真的，那就意味着，当我们与客户打交道，我们传达的信息没有收到预期的效果时，我们不会想着更努力地传达信息，而是假设可能有别的更好地沟通和接洽办法。简而言之，我们不再尝试成为闪电再闪一次，而是意欲成为滚滚雷鸣——这是让高绩效者比别人更加成功的因素，我们先前已经说过。信念驱动行为。此时销售管理者和领导者创造的环境便开始起重要作用了。支持沟通力旅行动力，期望你的员工可以像闪电那样去交流、去全面了解他们的产品和服务并能够将其各种特点和优势脱口而出，还要期望他们表现出雷鸣销售员的特征——学会倾听、关注客户，不图回报地给予，等等。你为你的团队维持的是这样的环境和氛围吗？

大多数（如果不是全部的话）管理者明白，他们应该创造一种销售文化，制定他们对员工的行为要求，培养员工的技能和才能。这项研究表明，最优秀的管理者现在会将他们的活动内容与优化每个旅行动力强度的趋势保持一致，因为这样做能为团队的成功奠定基础。为员工设置一个运行环境，对他们的预期行为便会显而易见。举个例子，在一个充满积极和乐意挑战的文化氛围中，人们就会明白领导者期望他们的行为表现能够符合这种氛围。之后他们用到的技能和才能就会与这种行为和氛围相一致。

管理者和领导者将进一步帮助他们的员工解开密码。在这项研究中，很明显许多业绩较低的销售员认为，他们的行为和想法都是正确的。不幸的事实是，许多低绩效者的表现完全有能力达到高绩效者的水平，但是他们并没有这么做，原因在于他们从来没有挑战一下自己，去想一想他们相信的到底是什么，也从没想过去调整或者重新建立一种会给他们带来成功的思维方式。这时候具有指导作用的管理者的价值立马变得不可估量。解锁习惯的对话不是谈论落后指标——上周打了多少电话、面谈了多少次，而是关于先行指标："跟我说一下你在面见顾客前对顾客做了哪些研究。""你认为客户对我们的产品最感兴趣的是什么？""为什么会这么认为？""在接下来的一周，你会用什么方式督促自己去学习新的东西？"

现在，销售人员面临着超越其行为和技能的挑战。他们被要求思考为什么研究客户是重要的，为什么将他们的产品与客户的需求结合起来如此重要，他们还被要求保持这样一种心态——不断自我提升是可行的。"什么是重要的？"和"为什么这很重要？"这两个问题可以用来帮助他们识别内心的信念。基于工作环境、行为和技能的问题都很不错，有助于管理者了解员工在做什么、在哪里做、怎么做等问题。这些旨在了解内心信念的问题之所以如此重要，是因为我们通过这些问题才能了解到员工行为的原因。现在，作为最成功的销售秘诀的拥有者，你拥有许多信念层面的可以询问的问题。如今，不言而喻的是，管理者和领导者比以往任何时候都更需要与员工充分接触，去发现那些对他们很重要的事情并弄清原因。

由此可见，管理者和领导者必须明确自己的信念。毕竟，如果我们自己的信念体系都乱了套，那么要想指导别人，让他们调整自己的信念使之与最优秀的人一致必然相当困难。因此不要忘了花点时间想想，你自己如何做到与高绩效者的旅行动力强度平衡一致。反思自己的行为、管理和领导风格。它们是否与我们之前讨论过的一致？它们是有助于解锁销售员秘诀还是使之难上加难？总之，在修理别人的屋顶之前，先把自己的房子打理好！

最终，这本书帮助我们解锁最成功的销售员的行为特征及背后的目的。世界上没有完全相同的人，但是很显然，高绩效者都把他们自己看作下述类型的人：

- 害怕失败，但是用这种恐惧来挑战自己做到最好。

- 不纠结于他们无法控制的事情，而是促使事态朝着他们自己和客户的利益上发展。
- 努力工作以渡过艰难时期，但总是寻找更聪明的工作方法来管理压力、合理分配时间精力。
- 知道他们拥有影响他人的能力，并灵活地进行调整，以便与他人更好地建立联系。
- 密切关注他们的产品或提供的服务，并通过持续和动态的对话适当地互相交流专业知识。

这些特征陈述可能来自一项关于成功的销售人员持有的信念的研究，但它们同样适用于榜样型领导者。也许这里面还隐藏着另一个事实——最优秀的销售人员也是模范领导者。

本书中，我们致力于探究那些我们通常不喜欢公之于众的领域。信念是非常私人的东西，但这项研究试图为每个人（不管是不是销售员）提供一种方法，让他们找到一种信念平衡，根据我们的观察，这种平衡能够带来接二连三的成功。为了做到这一点，我们中的一些人必须摒弃以前的思维模式。对一部分人来说这可能很难做到。这里流传着一个故事，讲的是某经理的团队里分配来一位刚毕业的年轻人。这位野心勃勃的青年觉得他已经具备了所有的基础知识，这个工作只是通往成功之路的一个临时过渡而已。尽管心里这么想，但他却一而再地跟经理说，他热衷学习，决心从别人的经验中获益。在许多情况下，经理都努力地劝告、指导和教导这位心怀壮志的年轻人，但是一次又一次地遭到他的抵制。

一天，经理觉得受够了。当这名毕业生来到他的办公室时，他问这个毕业生是否需要水。毕业生面前放了一个玻璃杯，经理拿来一瓶水，开始往里面倒水。但是，当水杯装满的时候，经理并没有停止，水沿着杯子的边缘溢出来，流到桌上。桌上所有的纸（包括这名毕业生的）都被浸湿了，桌上的水越来越多，渐渐流到地面上。这位毕业生非常震惊和愤怒，大叫："住手！你疯了吗，所有东西都被你毁掉了，包括我的工作成果。"经理只是不停地倒着水，直到整瓶水都倒空。就在那一刻，瓶子里的最后一滴水被倒出时，经理才开口："你跟我说你想喝我这个瓶子里的水。但是要想喝到我这里的水，你必须先将你自己的杯子倒空。"

只有当我们的思想对改变的可能性持开放态度时，我们才能获得洞察力和启发。当我们拒绝开放的时候，我们就把新的见解视为需要击退的敌人。如果我们拥抱新的和无限的可能性，如果我们拿的是一个空杯，我们就可以让新的现实注入我们的生活。

改变从自我开始，所以要弄清楚习惯对你意味着什么，然后享受挑战——把你从模范销售员那里得到的见解和排名前5%的销售员的信念一并告诉你的员工。正如模范钢琴匹配员埃瑞卡·费德勒所说："我并不清楚自己成功的习惯是什么，但是现在我知道这个习惯已经被整理成书了，我迫不及待地想知道答案！"

附录 A
与 6 种态度保持一致

2013 年，我们初次对 500 名低绩效者和 500 名高绩效者展开研究，揭示了影响其绩效的一系列因素，具体如下所示（随机排序）：

- 渴望学习、发现和成长。
- 渴望让自己的努力价有所值。
- 渴望拥有幸福或自我实现。
- 渴望与他人共事，尽己之力帮助他人。
- 渴望掌握自己的命运，用自己的成功获得认可。
- 渴望做事尽善尽美，行事有方。

不久，我们的心理测量师向我们指出这些数据与爱德华·斯普朗格（Eduard Spranger，1882 年~1963 年）关于价值与态度方面的研究惊人地一致。斯普朗格是德国哲学家和心理学家，曾发表了《人的类型》（*Types of Men*）一书，他对我们当前广泛使用的人格理论做出了重大贡献。[77]

因此，我们要感激斯普朗格在人类理解认知方面做出的贡献，并以他的模式为基础，把当前的看法补充进去，而不是自创一个新的模型。对我们来说，这也是机缘凑巧。

我们根据斯普朗格的六种态度，对不同的动力诱因进行了分组（见图10）：

- 理论方面；
- 实用方面；
- 审美方面；
- 社会方面；
- 个人主义方面；
- 传统方面。

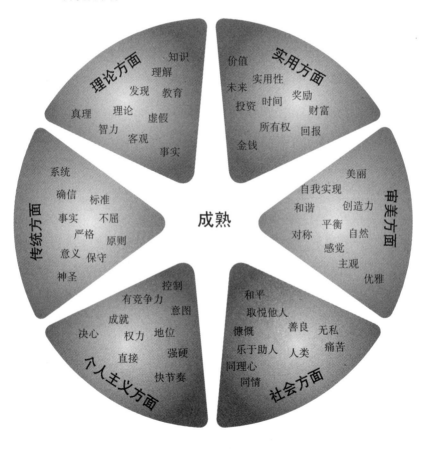

图10　6种态度（动力）

花点时间将这些好好理解一下是非常值得的。人都是多维复杂的。在大多数情况下，一个人都会自然而然地有一两种不同的动力。

理论动力型销售人员是为了知识本身而寻求知识。他们可以处理大量不同来源的信息，快速看穿不同的模式，享受自己展示智慧才能的过程。然而，知识涉猎的广度会使其思维极为跳跃，从这个想法跳到那个想法，或者一会儿这个念头，一会儿又是另一个念头，难以继续深究。如果给他们施加压力，那他们对"正确"的过度追求往往使他们忽视安全、声誉、诚实、家庭或者经济条件限制等实际问题。相比让他们把理论应用到实践中去，他们倒宁愿做更多的研究。再进一步的话，他们可能会预测到所有发生的意外事件，并在此基础上大做文章。其实这种现象很常见，尤其是他们的同事希望他们既是理论家又是实践家的时候，他们就会这样做。

实用动力型销售人员都是那些只寻求有用或实用东西的资本家。他们通过降低成本等方法，把注意力集中在自己的时间、活动或金钱获得的投资回报上。他们对其他人的价值在于他们知道如何利用资源，将浪费尽量降到最低，以创造经济收益。他们让其他人来完成工作，却不愿广泛交友——他们与盟友的关系在某个目标达成，盟友发挥完其作用后就结束了。他们会因为压力变成工作狂，还希望别人能与他们保持一样的工作节奏，挑灯夜战，直至达到目标，压力减轻。如果困难程度进一步增加，他们会很现实地转向自我保护，而不是集体福利，也不会去关心别人，因为在他们看来，他们只是客观公正地将自我摆在了恰当的位置。

审美动力型销售人员喜欢寻求新体验、喜欢表现自我。他们通常都不会墨守成规，相反，他们在不断体验新事物——因此，他们经历得越多，历练成长也越多，直觉也就越敏锐。他们对其他人的价值在于他们能够把握大局，看到冲突所在，与他人产生共鸣、换位思考，并创造性地提出解决方法。他们通常会参加一些有利于个人成长的研讨会或体验活动。有压力时（比如处于混乱或满是争吵的环境下），他们很难正常工作，会忽视现实情况，仅凭感觉做决策，认为事情都是处于完美状态，虽然经常事与愿违。

社会动力型销售人员致力于消除冲突。他们专注于如何让行动使他人受益，把时间花在帮助别人发挥潜力上。他们对他人的价值在于，他们慷慨无私地花费自己的时间与才华，并致力于纠正错误。他们更多的是以人为导向，而不是利润，希望为那些有意义的事情做出贡献。压力可以促使他们不惜一切代价、以更高的热忱来完成任务，甚至在别人都认为败局已定、要抽身离开放弃时，他们仍然会坚持不懈。这也会将人和资源置于危险境地。这类人员可能会从社会型转变为独裁型。

个人主义动力型销售人员寻求的是自我证明。他们专注于提升自己或公司的地位和权力。他们对其他人的价值在于，他们能够像马基雅维利那样来规划胜利所需的战略和战术。他们追求并愿意被包围在物质财富和彰显权力的事物中，例如高档品牌手表、戒指、钢笔、书桌、西装、头衔和奖章。他们会建立联盟，以助于提升自己的地位，但一旦利用价值耗尽，他们会轻而易举地将之抛弃。面临压力（比如，他们的权力和地位受到真正或明显的威胁时，他们会收起那份逐利动力，或是将其置于不太可能实现的位置），然后本能地自我保护，而不去考虑其他任何事物。说到底，个人主义动机型销售人员不仅想要成功，还想要别人认可他的成功。

传统动力型销售人员想要了解他们在计划安排中的意义或作用，寻求实现目标的正确方式。他们根据自己的信仰体系来处理日常事务、做出商业决策。他们对他人的价值在于对"体系"的贡献——他们坚持做价值判断，按部就班、尽职尽责、忠于指挥体系。他们还要求其他人也要遵守这套标准，是各个群体中的道德守护者。但他们深陷传统无法自拔，总是无法很好地应对变化。遇到变化或有违他们信念体系的情况，他们就变得比较闭塞保守，一心守着老传统，甚至还可能会打破新规则来维护旧体系。

下图 11 显示了这 6 个动力平均有多大程度促成了高、低绩效者的行为。

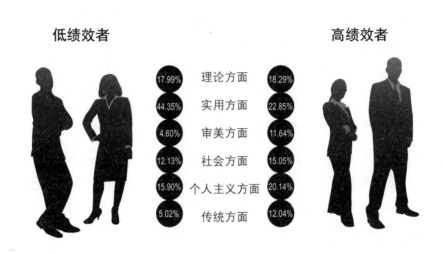

图 11　6 种动力在低绩效者和高绩效者中的分布图

在低绩效销售员中实用动力是最常见的，占到 44.35% 的比例；这是关于花费的时间与获得的报酬、效率和获得的感知价值之间的对比。第二个最常见的动力发生比例不超过 17.99%，发生频率几乎减少了 2/3。这点要值得注意，因为功利主义价值观与 20 世纪 50 年代的单一刻板印象非常相似，即那些推销员奔走在街上，来来往往，催促购房者来买房。这在战后的工业繁荣时期可能奏效，当时产品是王道，但今天，特别是在千禧一代寻求赋予他们意义和目标的角色的今天，这种动力如果过度使用，则会导致销售行为疲弱，业绩不佳。

在研究过程中，我们不禁在想，当那些管理者在提出一些战略性渠道评估问题时，他们受时间和金钱驱动的强度如何呢？他们提的问题包括：上周你有多少时间在做销售？你接了多少个电话？这星期计划打多少电话？它们值多少钱？你准备哪天与他们签约？我们发现，管理者不断根据落后指标对销售行业进行评估时，虽然对销售行业的发展没有任何帮助，但这种做法绝不会对人们心中核心的动力诱因产生影响。这就证明，我们研究发现的是根深蒂固的内在动力，而不是外在的、受环境影响的动力。

在高绩效销售员中，最引人注目的地方在于其 6 种动力分布非常均匀。显然，这些销售人员在应对不同情形时显得更加得心应手。这表明他们在工作中更加成熟稳重，具备一定程度的情绪控制能力。

这个观点引发的问题比它给出的答案还多，因此，2015 年，我们再次展开研究，这项研究的结果就是这本书！

解密者

伊恩·米尔斯

伊恩·米尔斯是国际绩效转变公司的管理合伙人，也是《助你成功的 100 大创意》（*100 Big Ideas to Help You Succeed*）[78] 的合著者之一。他一直在快消品、金融和科技行业担任销售员及领导者。自 1999 年以来，伊恩一直是国际绩效转变公司的重要人物，该咨询公司已为 60 多个国家提供了解决方案。从西方的利马到东方的北京，他与惠普、德勤和美国运通等公司合作，并担任这些行为转变和转型项目的负责人。

马克·里德利

马克·里德利是国际绩效转变公司的创始合伙人，也是这家驻英公司取得巨大成功背后的驱动力。他还是《助你成功的 100 大创意》一书的灵感提供者和合著者，他在 60 个国家担任国际品牌、投资公司和学术机构的战略师、主席和协调人长达 25 年以上。他的工作是激励领导型和指导型人才、不断提高销售额以及改变人们的沟通方式。他会定期出席世界各地的大型会议和活动，是公认的具有优秀的销售领导能力、情商和协作能力的专家。

本·莱克博士

本·莱克博士是国际绩效转变公司的合伙人,他在研究和学术生涯结束后加入该公司。他在英国金斯敦商学院联合创办了高业绩中心,并开办了 MBA 课程。他也是俄罗斯国家经济总统学院的客座教授,曾与苹果公司和美国宇航局合作,为《哈佛商业评论》撰写过三篇关于领导力的文章,并在《福布斯》(*Forbes*)、《经济学人》(*The Economist*)、《泰晤士报》(*The Times*)、《卫报》(*The Guardian*)、《每日电讯报》(*The Telegraph*)、《独立报》(*The Independent*)以及 BBC《新闻之夜》(*Newsnight*)发表专栏。

提姆·查普曼

提姆·查普曼是国际绩效转变公司的合伙人,也是约克大学行为经济学和国际销售管理讲师。他有超过 25 年的国际 B2B 销售、各种前线销售、高级管理和卓越销售的经验。他创立了一家成功的销售咨询和业务培训公司,即 Sales EQ 公司。该公司为一些蓝筹股公司和英国、欧洲、加拿大和美国的中型公司提供项目咨询和培训。

致　谢

作者们感谢以下人员的鼎力支持。没有你们，这本书就不可能成型。

感谢国际绩效转变公司（Transform Performance International）的两位合作伙伴：

南希·洛茨 - 泰勒（Nancy Loates-Taylor）提供了宝贵的想法和思想指导。

塔尼娅·卢卡斯（Tanya Lucas）提供的心理学专业人士的观点，均在本书中得以体现，在 2016 年女性销售奖（欧洲区）中荣获"专业服务销售中的最佳女性"称号。

感谢国际绩效转变公司所有同事的全力配合。

感谢萨姆·查普曼（Sam Chapman），他在采访后整理了很长时间的采访内容。

感谢尼古拉斯·A. C. 瑞德，他在编辑过程中提供了宝贵的帮助。

感谢我们的"模范"销售员，感谢接受我们采访的公司，以及感谢允许我们进入其个人世界的销售员。

感谢我们的出版商里德出版社（LID）对该项目的认可，及其对出版该书的支持。

参考文献

1. William E. Smith, "Disaster Screaming Like a Banshee," Time Magazine, 2001.

2. William Moulton Marston, Emotions of Normal People, (London: Cooper Press, 2014).

3. James Allen, As a Man Thinketh, (London: The Savoy Publishing Company, 1903).

4. Eliot Rosen and Ellen Burstyn, Experiencing the Soul: Before Birth, During Life, After Death, (London: Hay House Inc., 1998).

5. Matt Mayberry, "The Extraordinary Power of Visualizing Success," Entrepreneur Magazine, 30 January, 2015, accessed 20 October, 2016, https://www.entrepreneur.com/article/242373.

6. Denis Waitley, Seeds of Greatness – The Ten Best-Kept Secrets of Total Success, (New York, NY: Pocket Books, 2010).

7. Nathan Furr, "How Failure Taught Edison to Repeatedly Innovate," Forbes, 9 June, 2011, accessed 21 October, 2016, https://www.forbes.com/sites/nathanfurr/2011/06/09/how-failure-taught-edison-to-repeatedly-innovate/#3ab16eb865e9.

8. Nick Curtis, "Why Failing Upwards is the Best Way to Succeed," The Telegraph, 16 February, 2016, accessed 22 October, 2016, http://www.telegraph.co.uk/wellbeing/mood-and-mind/why-failing-upwards-is-the-best-way-to-succeed.

9. Jennifer Nielsen, "Highlights from Oprah's JK Rowling Interview," Jennielsen, 4 October, 2010, accessed 13 May, 2017, http://www.jennielsen.com/archives/501.

10. Henry Charles Link, The New Psychology of Selling and Advertising (Whitefish, MT: Literary Licensing, 1932), 102.

11. Alex Hill, Liz Mellon, Ben Laker and Jules Goddard, "The one type of leader who can turn around a failing school" Harvard Business Review, October, 2016, accessed 21 October, 2017, https://hbr.org/2016/10/the-one-type-of-leader-who-can-turn-around-a-failing-school.

12. Carmine Gallo, Talk Like TED – The 9 Public Speaking Secrets of the World's Top Minds, (London: Pan Macmillan, 2014).

13. Abraham Maslow, A Theory of Human Motivation (New York, NY: Start Publishing, 2012), 46.

14. Helmuth Graf von Moltke, Moltke on the Art of War: Selected Writings, ed. Daniel J. Hughes, trans. Harry Bell, (Novato, CA: Presidio Press, 1996).

15. Mike Berardino, "Mike Tyson explains one of his most famous quotes," Sun Sentinel, 9 November, 2012, accessed 13 May, 2017, http://articles.sun-sentinel.com/2012-11-09/sports/sfl-mike-tyson-explains-one-of-his-most-famous-quotes-20121109_1_mike-tyson-undisputed-truth-famous-quotes.

16. Sigmund Freud, Das Unbehagen in der Kultur, (Wien: Internationaler Psychoanalytischer Verlag, 1930).

17. David Daniel Kennedy, Feng Shui for Dummies, 2nd ed. (Hoboken, NJ: John Wiley & Sons, 2010).

18. Richard Bach, Running from Safety: An Adventure of the Spirit, (New York, NY: Delta, 1995).

19. Post Staff Report, "Why Losers Have Delusions of Grandeur," New York Post, 23 May, 2010.

20. Charles Darwin, The Descent of Man: Selection in Relation to Sex, (London: John Murray Publishers, 1871).

21. Justin Kruger and David Dunning, "Unskilled and Unaware of It: How Difficulties in Recognizing One's Own Incompetence Lead to Inflated Self-Assessments," Journal of Personality and Social Psychology 77, (1999).

22. Marc Abrahams, "Those Who Can't, Don't Know It," Harvard Business Review, December, 2005, accessed 24 October, 2016, https://hbr.org/2005/12/those-who-cant-dont-know-it.

23. Confucius, The Analects of Confucius, trans. William Edward Soothill. (Yokohama: Fukuin Printing Company, 1910), 168.

24. Abraham Maslow, "A Theory of Human Motivation," Psychological Review 50, (1943): 370-396.

25. Oliver Wendell Holmes, The Complete Poetical Works of Oliver Wendell Holmes, (Boston, MA: Houghton, Mifflin and Company, 1908).

26. Kelly McGonigal, The Upside of Stress: Why Stress Is Good for You, and How to Get Good at It, (London: Penguin Random House, 2015).

27. "Engagement is the keystone of employee productivity," Human Performance Institute national survey, February 2010, accessed 26 October, 2016, https://fisher.osu.edu/supplements/10/7951/Engagement%20White%20Paper.pdf

28. Ross Devol et al, The Economic Burden of Chronic Disease: Charting a New Course to Save Lives and Increase Productivity and Economic Growth, (Santa Monica, CA: Milken Institute, October 2007).

29. "At a Glance 2015," The National Center for Chronic Disease Prevention and Health Promotion (CDC), accessed 27 October, 2016, https://www.cdc.gov/chronicdisease/resources/publications/aag/pdf/2015/nccdphp-aag.pdf.

30. "Napoleon Bonaparte quotes and sayings," 95 Quotes, 22 July, 2016, accessed 2 November, 2016, http://95quotes.com/index.php?/napoleon-bonaparte-quotes/853675.html.

31. Institute of Medicine, "PTSD Compensation and Military Service," National Research Council, September 2007, accessed 28 October, 2016, https://www.nap.edu/catalog/11870/ptsd-compensation-and-military-service.

32. Randy Herring, "Recuperation and Muscular Growth!," Bodybuilding, 22 July, 2016, accessed 2 November, 2016, https://www.bodybuilding.com/content/recuperation-and-muscular-growth.html.

33. "Employee & Retiree Services," SAS Institute, accessed 4 November, 2016, http://www.sas.com/corporate/sasfamily/extras/index.html#menus.

34. "Fortune Rankings," SAS Institute, accessed 6 November, 2016, http://www.sas.com/news/preleases/FortuneRanking09.html.

35.   Addam Corre, "15 Great Motivational Quotes from Henry Ford," Life Daily, 27 November, 2014.

36.   Martin Scorsese, Wolf of Wall Street, Paramount Pictures: 2013.

37.   Arthur Miller, Death of a Salesman, Penguin Books, 1 January, 1996.

38.   Christopher Clarey, "Strange Habits of Successful Tennis Players," New York Times, 21 June, 2008.

39.   Ibid

40.   Paul LeFavor, US Army Special Forces Small Unit Tactics Handbook, (Fayetteville, NC: Blacksmith Publishing, 2013), 238.

41.   Chris Lang, 11 April 2011, comment on "What is the average conversion rate for an outbound telemarketing campaign?," Quora, 11 April, 2011, accessed 8 November, 2016, https://www.quora.com/What-is-the-average-conversion-rate-for-an-outbound-telemarketing-campaign

42.   Abby Ellin, "Resiliency: the Buzzword That Could Take Your Career to New Heights," Johnson & Johnson, 9 October, 2016, accessed 12 November, 2016, https://www.jnj.com/innovation/resilience-in-the-workplace-training-human-performance-institute.

43.   Robert M. Sapolsky, Why Zebras Don't get Ulcers, 3rd ed., (New York, NY: St Martin's Press, 2004).

44.   Lynette Ryals and Iain Davies, "Vision Statement: Do You Really Know Who Your Best Salespeople Are?," Harvard Business Review, December, 2010, accessed 14 November, 2016, https://hbr.org/2010/12/vision-statement-do-you-really-know-who-your-best-salespeople-are.

45.   Laurence Minsky and Keith A. Quesenberry, "How B2B Sales Can Benefit from Social Selling," Harvard Business Review, 10 November, 2016, accessed 16 November, 2016, https://hbr.org/2016/11/84-of-b2b-sales-start-with-a-referral-not-a-salesperson.

46. Andy Hoar, "Death of a (B2B) Salesman," Forrester Research, 13 April, 2015, accessed 18 November, 2016, https://www. forrester.com/report/Death+Of+A+B2B+Salesman/-/E-RES122288

47. Nicholas A.C. Read and Stephen J. Bistritz, Selling to the C-Suite: What Every Executive Wants You to Know About Successfully Selling to the Top, (New York, NY: McGrawHill Education, 2009).

48. Neil Rackham, To Increase Sales, Change the Way You Sell, (Harvard Business Review, 2014).

49. Jim Keenan and Barbara Giamanco, Social Media and Sales Quota, (Denver, CO and Atlanta, GA: A Sales Guy Consulting and Social Centered Selling, 2013).

50. Ibid.

51. Alex Hisaka, "5 B2B Buyer Preferences to Know," LinkedIn Sales Blog, 24 September, 2014, accessed 22 November, 2016, https://www.linkedin.com/pulse/5-b2b-buyer-preferences-know-alex-hisaka.

52. Kevan Lee, "The 29 Most Common Social Media Rules: Which Ones Are Real? Which Ones Are Breakable?," Buffer, 2 March, 2015, accessed 24 November, 2016, https://blog.bufferapp.com/social-media-rules-etiquette.

53. Maggie Hibma, "The Marketer's Guide to Proper Social Media Etiquette," Hubspot, 6 May, 2013, accessed 28 November, 2016, https://blog.hubspot.com/marketing/marketers-guide-proper-social-media-etiquette#sm.00005pr9d2eb7f8sqsz2cm3jmun05.

54. Jodi Parker, "Social Media Etiquette Guide," Tollfreeforwarding, 18 July, 2014, accessed 29 November, 2016, https://tollfreeforwarding.com/blog/social-media-etiquette-guide.

55. Rebekah Radice, "10 Golden Rules to Successful Social Media Marketing," 25 November, 2014, accessed 2 December, 2016, https://rebekahradice.com/golden-rules-successful-social-media-marketing.

56. Chris Brogan, "An Insider's Guide to Social Media Etiquette," Owner Media Group, 24 February, 2011, accessed 5 December, 2016, http://chrisbrogan.com/socialmediaetiquette.

57. Travis Balinas, "Social Media Etiquette for Business," Outbound Engine, 23 September, 2015, accessed 7 December, 2016, http://chrisbrogan.com/socialmediaetiquette.

58. The Routledge Companion to Marketing History, eds. D.G. Brian Jones and Mark Tadajewskim, (Abingdon: Routledge, 2016).

59. Laura Barnett, "Death of a Salesman: No More Door-to-Door Britannica," The Guardian, 14 March, 2012, accessed 9 December, 2016, https://www.theguardian.com/media/shortcuts/2012/mar/14/britannica-death-salesmen-door.

60. Paula Gorry, "The Journey of Direct Selling," Sales Initiative, 30 November, 2015, accessed 12 December, 2016, http://www.sales-initiative.com/toolbox/selling/the-journey-of-direct-selling.

61. Katt Savage, "It Really Sucks: A Kirby Vacuum Salesperson's Story," Schizophasic, 10 May, 2012, accessed 16 December, 2016, http://schizophasic.blogspot.co.uk/2012/05/it-reallysucks-kirby-vacuum.html

62. Rebekah Bernard, "Can You Fake Empathy Until It Becomes Real?," KevinMD.com, 13 September, 2015, accessed 2 January, 2017, http://www.kevinmd.com/blog/2015/09/can-you-fake-empathy-until-it-becomes-real.html.

63. Anthony Goh and Matthew Sullivan, "The Most Misunderstood Business Concept in China," Business Insider, 24 February, 2011, accessed 5 January, 2017, http://www.businessinsider.com/the-most-misunderstood-business-concept-in-china-2011-2?IR=T.

64. Robert Cialdini, Influence: The Psychology of Persuasion, (London: Harper Collins, 1984).

65. Aristotle, On Rhetoric, trans. George A. Kennedy, (Oxford: Oxford University Press, 2011).

66. Sean O'Neill, "Cold Calling Analysis: How Many No's to Get a Yes," Vendere Partners, 11 August, 2011, accessed 7 January, 2017, http://info.venderepartners.com/bid/66537/Cold-Calling-Analysis-How-Many-No-s-to-Get-a-Yes.

67. "Lightning Really Does Strike More Than Twice," NASA, accessed 8 January, 2017, https://www.nasa.gov/centers/goddard/news/topstory/2003/0107lightning.html.

68. Jeremy Miller, "3% Rule: Engage Customers Before They Need Your Services," Sticky Branding, 5 May, 2015, accessed 10 January, 2017, https://stickybranding.com/3-rule-engage-customers-before-they-need-your-services.

69. Gerhard Gschwandtner, "Are You at Risk of Being Replaced by Technology?," Selling Power, 3 August, 2010, accessed 12 January, 2017, http://blog.sellingpower.com/gg/2010/08/are-you-at-risk-of-being-replaced-by-technology-.html.

70. Christopher Davie et al, "Three Trends in Business-to-Business Sales", McKinsey & Company, May, 2010, accessed 15 January, 2017, http://www.mckinsey.com/business-functions/marketing-and-sales/our-insights/three-trends-in-business-to-business-sales.

71. Keith Rosen, "Effective Listener: It Ain't About You", Profit Builders, Retrieved 27 November 2016, accessed 18 January, 2017, http://www.profitbuilders.com/articles/communication/skills-to-becoming-the-most-effective-listener.php.

72. S. F. Scudder, "Sociological Systems," Communication Theory, 15 January, 2016, accessed 19 May, 2017, http://www.opentextbooks.org.hk/ditatopic/14729.

73. Robert Dilts & Judith DeLozier, NLP II – The Next Generation: Enriching the Study of the Structure of Subjective Experience, (Capitola, CA: Meta Publications, 2010)

74. Sue Knight, NLP at Work: The Essence of Excellence, 3rd edn., (London: Nicholas Brealey Publishing, 2009).

75. Winston Churchill, His Complete Speeches, 1897–1963: Vol. 4 (1922-1928), ed. Robert Rhodes James, (New York, NY: Chelsea House Publishers, 1974), 3706.

76. "A quote by Albert Einstein," Goodreads, 28 November, 2016, accessed 18 January, 2017, https://www.goodreads.com/quotes/118182-you-never-fail-until-you-stop-trying

77. Eduard Spranger, Types of Men: The Psychology & Ethics of Personality, (Halle: M. Niemeyer, 1928).

78. Ian Mills and Mark Ridley, 100 Big Ideas to Help You Succeed, (London: LID Publishing, 2013).

本书介绍

　　这本书是为那些专业的销售人员，或涉及公司销售流程、想要了解销售成功的习惯的人而著的。

　　本书是基于对一些全球范围内最具代表性的销售员的绩效和采访内容进行长达 2 万个小时的对比分析后得来的。书中这些销售员分享了他们从阿迪达斯、思科、Clarify、德勤、葛兰素史克、摩根大通、微软、甲骨文、施坦威和沃达丰等公司的工作中得出的见解和结论。作者为我们呈现的是对销售员行为和行为动力最严格的全球性评估结果，并由此揭示出销售员不断成功的秘诀。